*A mis padres, Adriana y Raúl (†)*

# Índice

# Prólogo

En el año 1988, cuando cumplí veinticinco años de mi ordenación presbiteral, escribí uno de mis primeros libros con este título: *¿Vale la pena ser sacerdote hoy?*. La razón de ponerlo en interrogantes es porque estábamos en tiempos posteriores al Concilio Vaticano II, cuando se escuchaban voces de que todo debía cambiar en la Iglesia, también el celibato como requisito para ser sacerdote en la Iglesia latina. Además, varios presbíteros dejaban el ministerio, con permiso del Papa y sin él, unos por cuestionamientos de orden doctrinal y disciplinar en la Iglesia, y otros por decisión de cambiar de vida, o por infidelidades en su compromiso celibatario. Por eso, las interrogantes del libro.

En 2013, cuando fueron mis bodas de oro de ordenación sacerdotal, reedité ese libro, actualizándolo, pero ahora poniendo el título en afirmativa: *¡Ser sacerdote vale la pena!*. La razón del cambio es muy sencilla: durante cincuenta años, y ahora ya sesenta y uno, he disfrutado enormemente esta gracia que el Señor me ha concedido.

Estoy feliz de ser sacerdote; me siento realizado, pleno, fecundo, padre y hermano.

Por ello, cuando el P. Mario Salvador Arroyo Martínez Fabre me solicitó hacer el prólogo de este libro, no dudé en ningún momento. Lo he leído con gusto, con satisfacción, porque refleja una vida sacerdotal gozosa, entusiasta, muy fecunda. Nuestros caminos son diferentes en las formas de vivir el ministerio, pero en el fondo vivimos la misma experiencia. El Señor nos ha llamado, no por nuestros méritos, sino sólo por su infinita bondad. Nunca acabaremos de agradecer este espléndido don y nos sentimos felices de esforzarnos por vivirlo con la mayor entrega.

Ser sacerdote es un misterio y una gracia. Un misterio, porque es imposible comprenderlo plenamente. Una gracia, porque nadie es capaz de merecerlo. Es actuar como *"otro Cristo",* como cabeza de la comunidad, como cabeza de la Iglesia. Por ello, apreciamos con todo el corazón el don que se nos ha hecho y nos esforzamos por vivirlo a plenitud, dentro de nuestras limitaciones humanas.

¿Por qué en casi todo el mundo disminuyen las vocaciones sacerdotales? Hay varios factores que pueden influir. Quizá algo que ha influido mucho es que algunos de nosotros no vivimos esta consagración en forma contagiosa; quizá la llevamos como una profesión, como una carga llena de obligaciones y trabajos, y no como una profunda vocación, un desgastarse cien por ciento en buscar la gloria de Dios y la vida plena de la humanidad. Puede haber casos de sacerdotes a quienes se les nota más la ambición por el dinero, que su entrega pastoral. Y si los jóvenes no nos ven felices y muy realizados en lo que somos y hacemos, nuestra vocación no les será atractiva.

También han influido negativamente los casos de abusos sexuales de menores por parte de clérigos; eso no se puede dudar; pero son muchísimos más los sacerdotes que han permanecido fieles y que son muy respetuosos con todos los fieles, también con los niños. Los sacerdotes pederastas son los menos, pero, como dice el dicho, un árbol que cae hace más ruido que cientos que permanecen de pie.

En la disminución de vocaciones al sacerdocio ha influido mucho la desacralización creciente, la disminución de la práctica religiosa, el aumento de la no creencia. A muchos, no sólo jóvenes, lo que más les atrae y apasiona es tener dinero, viajar, divertirse, tener todas las comodidades y disfrutar de los placeres materiales y sensitivos; no están abiertos a los valores espirituales, prescinden de Dios y se hacen egoístas; sólo piensan en su beneficio y no les interesa hacer algo, o consagrar su vida, a hacer el bien a los demás. Con este materialismo reinante, ni se les ocurre pensar en una vocación profundamente espiritual y humana.

Esto va acompañado de la destrucción de la familia, la disminución de hijos en los hogares. La mayoría de los sacerdotes procedemos de familias más o menos numerosas; pero hoy muchos jóvenes no quieren casarse, sino sólo darse la *buena vida* con dinero y placeres; y los que se llegan a casar, ya no quieren hijos; prefieren animales como mascotas. Si no hay hijos en las familias, ¿de dónde pueden salir vocaciones consagradas? Y si en las familias no se vive la fe cristiana, ¡de qué extrañarnos! Esto no se remedia ni aunque en la Iglesia Católica se permitiera tener sacerdotes casados, o mujeres sacerdotisas. Las iglesias evangélicas que permiten esto tienen los mismos problemas de escasez de vocaciones. La solución no va por ahí.

El camino para que haya más vocaciones al sacerdocio, así como a la vida religiosa, depende, ante todo, de seguir pidiendo al Señor que suscite en más jóvenes la decisión de consagrarse en esta vocación. Pero, junto con esto, que los sacerdotes vivamos nuestra vocación con entrega, con pasión, con gusto, de forma que podamos contagiar a muchos más jóvenes y que le encuentren sabor a esta vocación. Que nos vean felices, entregados, serviciales, con buena disposición para servir a la comunidad. Que en nuestros cansancios y enfermedades, o en los problemas que se nos puedan presentar, nos mantengamos firmes y animosos, fieles a nuestra consagración, sin tirar la cruz, sino asumiéndola con amor, como lo hizo Jesús.

Este libro del P. Mario Salvador refleja la vida de un sacerdote feliz de serlo, entusiasta en su ministerio, entregado a las diversas responsabilidades que se le han confiado. Se le percibe contento, alegre, generoso, dispuesto siempre a hacer el bien. Una vida así, sí vale la pena. Por ello, el libro resalta su convicción: ¡Vale la pena ser sacerdote!

Que el Espíritu Santo y la Virgen María, junto con el acompañamiento de san Josemaría Escrivá, hagan provechoso este libro y dé muchos frutos. Así sea.

† Felipe Arizmendi Esquivel
Obispo Emérito de San Cristóbal de Las Casas

# Introducción

La figura del sacerdote católico ha sufrido un profundo descalabro a lo largo del inicio del nuevo milenio. Los escándalos de pederastia clerical han opacado cualquier otra consideración, y no es para menos. Pero ello ha contribuido a que la figura del sacerdote sea profundamente incomprendida en nuestra sociedad, ha llevado a cuestionarse profundamente su identidad, que aparece bajo una óptica problemática. Todo esto ha conducido a una crisis de la imagen sacerdotal: no resulta atractivo para las jóvenes de este milenio aún incipiente asumir la vocación sacerdotal, lastrada por tan profundas controversias. Y, para el resto de la sociedad, puede parecer una realidad incomprensible o una rémora del pasado.

De hecho, pocas semanas antes de comenzar a redactar estas líneas, se hicieron públicos los datos estadísticos del Anuario Pontificio 2022, que ofrece una instantánea de cómo estaba la Iglesia a finales de ese año. El diagnóstico es agridulce: si bien la Iglesia Católica creció un 1% respecto del 2021 (éramos 14 millones más de católicos), sin embargo, se reafirmó la caída estadística de sacerdotes, seminaristas y religiosas, que marca una tendencia desde el 2012 para los dos primeros casos, desde el 2008 para éstas últimas. Esta noticia agridulce constituyó el empujoncito que necesitaba para comenzar a redactar estas páginas.

Estas breves líneas no aspiran a resolver el enigma del sacerdocio, pero sí quieren ser una bocanada de aire fresco –casi una respiración "boca a boca"– que recupere algo del atractivo de la vida sacerdotal. La crisis es profunda, pero pasará, porque el sacerdocio católico no es una institución humana, sino un querer divino, a prueba de los descalabros humanos. Pero ahora resulta urgente volver a mostrar el atractivo de la vida sacerdotal, en un mundo que se regodea en señalar sus inconsistencias, cuando no busca provocar el faul.

Para conseguir este objetivo: mostrar la belleza de la vida sacerdotal, no nos serviremos de profundas reflexiones teológicas; finalmente a las teorías como a las palabras se las lleva el viento. Nos serviremos en cambio de experiencias en primera persona, del testimonio de una vida. El lector juzgará que tan elocuente y atractivo resulta tal testimonio. Nos limitaremos a señalar algunos episodios memorables de una vida sacerdotal que ya cuenta más de veinte años. Dos décadas, sin ser demasiado, parece tiempo suficiente como para dejar decantar los entusiasmos del inicio y tener una visión de conjunto de lo que supone la vida sacerdotal.

Dos acotaciones son pertinentes. La primera es una confesión de realismo: se consignarán sólo los episodios positivos, atractivos. La vida sacerdotal tiene también sus páginas dolorosas, sus días oscuros, pero es preciso aprender a comerse las lágrimas y sonreír a la vida. No se señalará lo negativo, pues la documentación al respecto es abrumadora, pero, en cambio, existe una especie de ceguera selectiva que calla los días buenos del sacerdocio, que son la mayoría. Es decir, no se trata de una representación desencarnada y cruda de lo que supone la vida sacerdotal, sino de intentar mostrar su mejor cara, como cuando uno se pone sus mejores ropas para asistir a una reunión. En este caso la finalidad va por delante y se confiesa abiertamente: mostrar el atractivo de la vida sacerdotal, lo bonito que es ser sacerdote, para animar a las jóvenes generaciones a seguir este camino o, por lo menos, a no descartarlo con facilidad o a replantear la percepción que los jóvenes tienen de este género de vida.

La segunda aclaración estriba en el modo de vida sacerdotal del que suscribe. La inmensa mayoría de los sacerdotes no viven como el autor de estas líneas. Nuevamente, por delante, va mi hoja de vida: soy sacerdote de la Prelatura Personal del Opus Dei, miembro de la Sociedad Sacerdotal de la Santa Cruz. Esto quiere decir que estoy incardinado en la Prelatura del Opus Dei y me ordené fundamentalmente para atender sus labores apostólicas. ¿Qué implica eso? Pues, entre otras cosas, "que no tengo parroquia". Cuando me encuentro gente por la calle que me hace conversación, me suele preguntar: "¿cuál es su parroquia padre?" Siempre les tengo que contestar que "no tengo parroquia" y que soy capellán de algún colegio o universidad, como para resaltar que no soy un "sacerdote vago" u holgazán. Es una manera de justificar mi existencia sacerdotal, que casi siempre produce cierta extrañeza, como si fuera un "sacerdote raro". Raro no, pero poco común sí. Esto implica que mi experiencia sacerdotal será, en la práctica, muy diferente a la de la mayoría de los sacerdotes cuya existencia gira en torno a la parroquia. Mi caso es distinto, aunque semejante en muchos puntos. De hecho, a lo largo de mi ministerio sacerdotal, he tenido la oportunidad de entablar una sabrosa amistad con sacerdotes párrocos o vicarios de parroquias y, eventualmente, de apoyarlos con alguna actividad. En varias ocasiones, además, he podido escucharlos, se han desahogado conmigo y han compartido su vida sacerdotal con el que suscribe estas líneas.

El estilo de este texto será autobiográfico. Se trata de ofrecer un *collage* de narraciones en primera persona, sin orden ni concierto, sino como vayan compareciendo a mi conciencia. Personalmente este ejercicio me sirve particularmente para obtener una "memoria agradecida" en expresión del Papa Francisco y, para comprobar cómo la historia de mi vocación es una "historia de las misericordias de Dios", en expresión de san Josemaría Escrivá. En efecto, con el paso de los años uno es testigo de cómo "Dios escribe derecho en renglones torcidos", y ello invita a elevar el alma en un himno de acción de gracias a la bondad divina por no haber rehusado servirse de un instrumento indigno como yo para hacer su Obra.

El cuadro de conjunto que resulte –la narración va surgiendo al compás de estas líneas– espera ofrecer una perspectiva atractiva de la vida sacerdotal, como vida plena de sentido, de significación, de servicio a los demás. En definitiva, como una vida que vale la pena ser vivida. Sólo el paciente lector juzgará si el resultado final consigue su objetivo.

# Matrimonios masivos

Como mencioné más arriba, recojo estas remembranzas sin orden ni concierto, con van compareciendo en mi memoria. Una de ellas, quizá la más folklórica, sea la de los matrimonios masivos. No es una práctica frecuente, pero en el colegio donde trabajaba, en Comas, Lima Norte, lo habitual era que los papás no estuvieran casados por la Iglesia, muchos de ellos incluso, ni siquiera por lo civil, de forma que la unión libre era bastante frecuente. Se trataba en consecuencia de un dato sociológico que afloró a la superficie precisamente cuando nos disponíamos a realizar los primeros bautizos colectivos –que se detallarán más adelante–. Los niños y adolescentes que iban a ser bautizados necesitaban padrinos y éstos, si estaban solteros requerían estar confirmados, si casados, confirmados y casados por la Iglesia. En resumen, muy pocos niños podían tener padrinos en regla, la mayoría tuvo que pasar dificultades para conseguirlos y, finalmente, en muchos casos tuvimos que "hacernos de la vista gorda". Pero en

esa ocasión afloró un dato: era necesario hacer lo posible
por regularizar a la gente.

Así, después de los "bautizos colectivos", lanzamos
la campaña de los "matrimonios masivos". Utilizo el plural no en el sentido de plural mayestático, sino queriendo
señalar que éramos un equipo: el departamento de formación, formado por el director de formación y yo, más el
director de la escuela y, finalmente, contando con el apoyo de los profesores titulares de cada aula. Se requerían
todos los medios y los cauces de comunicación, porque
no era sencillo conseguir que las parejas, que llevaban ya
muchas "horas de vuelo", y que quizá en su momento no
se casaron por desidia, dificultades económicas, o las trabas que, con frecuencia, ponen en las oficinas parroquia-
les, aprovecharan esta ocasión para recibir el sacramento.
Había que hacer un esfuerzo para crear conciencia de la
necesidad del sacramento y, al mismo tiempo, dar todas
las facilidades posibles.

En realidad, se trataba de regularizar sacramental-
mente una situación de hecho pues, por lo general, se trataba de parejas que llevaban años conviviendo, algunas de
ellas más de veinte. Es decir, habían probado y les había
funcionado, no eran primerizos ni novatos, sino "viejos
lobos de mar". Con este criterio, visto que no había que
explicar en qué consiste la vida matrimonial, porque ya
la habían vivido venturosamente por años, la catequesis
se centró en explicar la necesidad y conveniencia del sacramento. Se trataba de pintarles las bondades de la vida

sacramental, de la cual ellos generalmente estaban alejados. De hecho, es una zona donde las necesidades de fe se cubren con piedad popular y no con sacramentos. Un ejemplo paradigmático es cómo, en vez del bautismo, estaban acostumbrados a utilizar la "agüita de socorro", la cual consistía en ponerle agua bendita al bebé "para que no se lo lleve el duende" (sic.), de forma que el bautizo se dejaba para una ocasión más propicia en la que se pudiera organizar una fiesta familiar. Sobra decir que dicha ocasión no llegaba nunca si el dinero era escaso, lo que sucedía con frecuencia.

La labor de preparación que resultaba realmente difícil y cansada era toda la parte burocrática: entrevistar a los testigos (4 por matrimonio) de que no estuvieran casados anteriormente por la Iglesia, dar las charlas a los futuros matrimonios y a sus padrinos, compilar los documentos necesarios: partida de bautizo, matrimonio civil, etc. La partida de bautizo con frecuencia faltaba o no era fácil de conseguir, pues se habían bautizado en la sierra, o se había incendiado la parroquia, o mil incidencias más, lo que precisaba hacer un trámite especial en el obispado, previa indagación detectivesca, "en busca de la partida perdida". La verdad es que era una labor que ponía a prueba la paciencia del santo Job y que llevaba a comprender cómo san Pedro pudo realizar sin problemas el primer bautizo colectivo de la historia (cfr. *Hechos* 2, 41) bautizando a tres mil almas: ¡no había parroquias ni partidas de bautismo!

Ya en el desarrollo de las ceremonias –si no recuerdo mal celebré 3 ceremonias de matrimonios colectivos en los 5 años que estuve en el colegio Humtec de Comas, Lima Norte–sucedían algunos eventos chuscos. Por ejemplo, en una ocasión alargué y alargué la homilía de la Misa, porque no llegaba el esposo de una de "las novias". De vez en cuando le echaba un ojo y la veía a la pobre con una cara de angustia y desolación, de modo que me inventaba algo para seguir hablando, mientras pedía a mi Ángel Custodio que ya por fin llegara el marido impuntual. Finalmente, gracias a Dios, llegó el susodicho, y pude terminar la homilía para dar paso a los sucesivos ritos matrimoniales –cada pareja debería expresar individualmente el consentimiento matrimonial–. Al finalizar me acerqué al "novio tardón" y le pregunté qué le había pasado. El pobre me comentó que su mamá se puso mal justo esa mañana y venía del hospital donde la había dejado internada. Ya se ve que "el demonio mete la cola" y quería impedir por todos los medios la celebración del sacramento.

Otra de las cosas simpáticas que sucedían durante las ceremonias de matrimonios múltiples era ver la preocupación de "las novias" por las cuestiones protocolares de la celebración, las cuales, a decir verdad, a mí me tenían muy sin cuidado. Por ejemplo, me corregían cuando consideraban que algo no se realizaba conforme a los cánones establecidos. Así, una "novia" –que llevaba más de veinte años conviviendo con el "novio"– estaba muy preocupada porque era de mala suerte que el novio viera a la novia antes de la celebración. Así que convenció a todas las novias para que esperaran afuera del colegio –con permiso del párroco celebrábamos las ceremonias litúrgicas en los campos deportivos de la escuela, convenientemente aderezados– hasta que diera inicio la celebración, para no ser vistas por el novio respectivo. Y cómo eso, muchas cosas: si el papá las debía llevar de la mano hasta el altar, o a mitad del recorrido, o el novio las debería recoger al principio, si debían o no besar al novio una vez casadas –debo reconocer que, influenciado por las películas, les pedía que lo hicieran una vez expresado el consentimiento–. De lo que sí me cercioraba es de que nadie se fuera a la celebración sin haber firmado los documentos correspondientes.

Creo que al final, a lo largo de esos tres matrimonios colectivos, habré conseguido casar a unas cuarenta parejas. En realidad, era poco para el universo de matrimonios sin casar, pero por lo menos era un primer paso firme; además, tengo entendido que el siguiente capellán del colegio siguió con la campaña para regularizar religiosamente a las parejas del colegio, papás de los niños y adolescentes.

## Matrimonios normales

Si resultaba bonito celebrar matrimonios masivos, también lo era impartir la bendición nupcial a los "matrimonios normales", es decir, cuando había solo una novia y un novio en la ceremonia. Este evento es más frecuente. Debo reconocer que no tengo "el 100% de bateo", utilizando el argot beisbolístico, pues algunas –pocas– parejas se me han divorciado, lo que siempre me llena el alma de pesar. Pero la gran mayoría permanecen fieles y algunas incluso me han invitado a celebrar una misa por sus primeros 10 años de matrimonio y cosas por el estilo.

En cierta ocasión llegué a la iglesia una hora antes de la celebración de una boda. La ceremonia era en la Iglesia que, en la práctica, fungía como catedral de Lima Norte, en el barrio de "Los Olivos". Me intrigó mucho la ceremonia: era una pareja que estaba celebrando sus 50 años de matrimonio, pero que, curiosamente estaba realizando los ritos del matrimonio como si fuera la primera vez. Al concluir la Misa me acerqué al párroco, intrigado por la situación, el cual me explicó que esa pareja se había acercado a la Iglesia para celebrar sus bodas de oro matrimoniales, pero que en realidad nunca habían contraído matrimonio religioso. Se cumplían 50 años de su matrimonio civil y, el religioso lo habían ido posponiendo para cuando tuvieran los medios necesarios y, en esa espera, cumplieron 50 años juntos, así que aprovecharon sus bodas de oro –del matrimonio civil– para casarse religiosamente. El santo Pueblo de Dios, una vez más, rompe todos los moldes prefabricados que pudiéramos imaginar.

Otro caso interesante fue el de un profesor del Colegio *Humtec*, de Comas, Lima Norte que, aunque llevaba años casado por el civil y tenía dos hijos, no se había casado por la Iglesia –la campaña matrimonial del colegio se realizó tanto con los padres como con los profesores de la escuela, pues en ambos era frecuente la falta del sacramento–. Después de algún tiempo dándole la lata para que se casara, por fin accedió el profesor, al contar con el apoyo de la institución. Los otros profesores le organizarían un sencillo festejo en las instalaciones del colegio, mismo lugar en donde se realizó la ceremonia. Como dato curioso es que durante el banquete les pregunté a los nuevos esposos cómo se habían conocido, esperando algún tipo de narración romántica. La verdad, en realidad, era muy pedestre: se conocieron en un transporte público –una "combi", muy frecuente en el entorno–, que estaba lleno. Así que ella al subirse tuvo que sentarse en sus piernas, y ahí comenzó todo... Dios se sirve de los caminos más insospechados para juntar a las personas en feliz matrimonio.

Otro caso curioso, que en su momento me llenó de inquietud y preocupación, fue el de una boda normal –con todas las de la ley, es decir, en la que se casan sin antes haber convivido–, en la que la novia apareció con cara descompuesta. Para mis adentros pensé, "no se vaya a estar echando para atrás". Así y todo, la ceremonia transcurrió con normalidad. Al concluir la misma me acerqué a la nueva esposa y le pregunté si se sentía bien. Me dijo que sí, pero que se había despertado desde las 4 de la madrugada para que la comenzaran a arreglar. Efectivamente se ve que las maquillistas habían hecho un esfuerzo ímprobo a costa de la resistencia de la pobre mujer, la cual llegó agotada a su boda y, lo peor, es que se veía mucho más guapa sin tanto arreglo pero, en fin, cosas de novias.

## RENOVACIÓN DE PROMESAS MATRIMONIALES

En el mentado colegio de Comas, Lima Norte, habíamos hecho de todo: matrimonios masivos, bautismos colectivos, obviamente confirmaciones y primeras comuniones, pero faltaba algo. Vimos que era conveniente dar apoyo a las parejas que, lógicamente, batallaban como todos para sacar su matrimonio, y con él su familia, adelante. Una de las batallas más duras que había que presentar, era el empeño por conseguir que los matrimonios no se rompieran, pues en nuestra sociedad parece que hay epidemia –pandemia deberíamos decir– de rupturas matrimoniales. Ello siempre es algo triste e, invariablemente, los hijos –nuestros alumnos– pagaban la factura.

En estas lides, algunas veces –dada la confusión reinante en la sociedad– me encontraba en situaciones comprometidas donde no sabía si estaba "jugando del lado correcto". Así, no era extraño que me encontrara animando a una persona a mantener su vínculo afectivo con otra persona, en atención a la familia que ya habían formado, cuando, sin embargo, no estaban casados por religioso y a veces ni por el civil. De manera que me encontraba animando a las personas a permanecer unidas en matrimonio civil y en ocasiones en unión libre para que una familia no se rompiera. El paroxismo de una situación análoga llegó cuando, sin buscarlo, me encontré consolando a una chica lesbiana triste porque su pareja la había abandonado. Recuerdo perfectamente que al hacerlo –por caridad– me preguntaba interiormente si estaba en el lado correcto del tablero.

Pero era preciso premiar y fomentar la fidelidad matrimonial, ponerla de ejemplo de algún modo. Para eso comenzamos a celebrar ceremonias colectivas de "Renovación de Promesas Matrimoniales", no necesariamente en los aniversarios 25, 40 o 50, sino invitando a todos los que estuvieran casados religiosamente a renovarlas cada año. También habré realizado unas tres ceremonias de este género que, sobra decirlo, eran muy hermosas, llenas de una gran carga afectiva. Normalmente los participantes eran "las fuerzas vivas" de la capellanía escolar, es decir, los matrimonios practicantes y comprometidos, sea con la parroquia que con el colegio.

# Bautizos colectivos

Otro capítulo en mi aventura pastoral por Lima Norte fue la celebración de bautizos masivos. Calculo que, durante los años que estuve allí, habré bautizado cerca de 200 personas, no sólo niños sino también adultos, familiares de los niños o incluso algún "colado" que nada tenía que ver con el Colegio *Humtec*, del cual era capellán.

Todo comenzó un día en el que estaba haciendo mi oración en la capilla del Colegio y se me acercó un niño de sexto de primaria (Adrián) pidiéndome que lo bautizara porque quería ser "hijo de Dios" (sic.) La verdad es que me conmovió y me sorprendió mucho, porque en México –mi país– no es frecuente encontrar personas que no hayan sido bautizadas de bebés. No sucede lo mismo en el Perú, donde no resulta raro, por ejemplo, utilizar "la agüita de socorro", mencionada más arriba.

Era bonito comprobar cómo la formación cristiana que se impartía en los colegios hacía mella en los alumnos y, a través de ellos, en sus familias. Precisamente el bautismo era una ocasión en la que esto último se manifestaba palmariamente. Varios fueron los casos en los que el niño insistía reiterativamente a su familia para que lo bautizaran. Con frecuencia no lo habían bautizado por desidia, o para esperar una situación de mayor holgura económica, que nunca llegaba, para hacer la fiesta correspondiente al bautismo. Fue el caso, por ejemplo, de Facundo, un niño que tuvo que presionar mucho a su mamá –el papá los había abandonado, situación frecuente en el lugar– para recibir el sacramento. Finalmente consiguió, gracias a su insistencia, recibir tanto el bautismo como la Primera Comunión.

Felizmente, tanto el párroco como el obispo del lugar estaban al tanto de mis andanzas sacramentales, dándome carta abierta para lo que necesitara. Esto era especialmente importante en el caso de los bautismos de adultos, porque previamente se tenía que realizar una breve investigación que confirmara, hasta donde fuera posible, que no estaban anteriormente bautizados. El motivo me lo explicó el párroco de la parroquia aneja al colegio donde hacíamos todos los trámites: no era infrecuente que una persona casada por la Iglesia, ante el fracaso de su primer matrimonio y con el deseo de recibir un segundo matrimonio religioso, se inventaba que no estaba bautizada, así obtenía una nueva acta de bautismo impoluta, lo que le abría las puertas para recibir unas segundas nupcias religiosas (en realidad, se trataría de una simulación del sacramento, lo que constituye un grave sacrilegio, pero de eso no tenían ni la más remota idea quienes así procedían).

En medio del furor pastoral de mi actividad en *Humtec*, en ocasiones cometí errores sacramentales o doctrinales. En mi fuero interno pensaba: lo importante, lo que quiere Jesús, es la salvación de las almas, es que le abramos el camino hacia las personas, que quitemos u obviemos las trabas. Y sí es así, pero a veces me saltaba las reglas por un malentendido afán pastoral. Me queda, sin embargo, paz en mi interior pues, cuando de buena fe se cometen errores, sirve el principio clásico de *Ecclesia suplet* ("suple la Iglesia"). Eso me sucedió, que sea consciente, por lo menos en tres ocasiones: una fue una mamá del colegio, que quiso participar en los "bautizos colectivos". No estaba casada religiosamente, vivía en unión libre, con el deseo de casarse alguna vez cuando tuvieran los medios y se dieran las circunstancias. Erróneamente pensé: si un bautizado puede vivir en unión libre –la situación de la mayoría de los papás de mi colegio–, ¿por qué no puedo bautizar a una persona que vive en unión libre? El bautismo es más necesario para la salvación que el matrimonio. Así que acepté bautizarla, y lo hice. Más tarde me di cuenta que fue un error, pues para el bautizo del adulto se exige la conversión, es decir, abandonar la vida de pecado para acoger una nueva vida de bautizado. Esta persona tenía el deseo de ser bautizada, pero no de cambiar de vida. Debo reconocer que me di cuenta de mi falta con los hechos consumados. Después de esto, siempre que realicé matrimonios colectivos, intenté animarla para que se sumara, sin conseguirlo nunca. A la fecha sigo pidiendo por esa familia.

El segundo caso es semejante al primero. Se trataba de mi amigo Geordy, que conocí al bendecir una casa en la que sucedían cosas extrañas, como señalaré más abajo. En este caso caí, además, tardíamente, en la cuenta de que, cuando se trata de un adulto, siempre se imparte el sacramento de la confirmación junto con el del bautizo. Geordy vivía también en unión libre, por lo que no debería haberlo bautizado. Felizmente, con el tiempo, decidió regularizar su situación, en la cual le pedían la partida de confirmación como requisito previo al matrimonio. Yo ya no estaba en el Colegio, de forma que no podía incluirlo en el grupo de los que se iban a confirmar. Lamentablemente, frente a las trabas que le ponían para recibir la confirmación como adulto, abandonó la idea de regularizar su situación. Todos los días pido por esa familia, a la que tuve la alegría de bautizar a sus dos hijos, siendo el primero, Mateo, bautizado con la intención de erradicar los eventos paranormales que tenían en la casa en la que vivían.

El tercer caso me sucedió por no saber decir que no, o por lo menos, no las suficientes veces. Me pasó con una familia, donde en los primeros bautizos colectivos bauticé a la mamá y a los cuatro hijos. La víspera de la celebración me llamó por teléfono el mayor de los hijos, quería que incluyera en la ceremonia a su tío, hermano de su mamá –adulto también–, pues tampoco estaba bautizado. Pero, a esas alturas, no había recibido ninguna preparación, ni realizado ningún trámite, ni entregado ningún papel Obviamente le dije que no, que era muy apresurado y que el sacramento del bautismo era un asunto serio. Pero me siguió insistiendo y por fin cedí, atendiendo al hecho de que era, como el resto de su familia, "católico cultural", es decir, católico de hecho, más no de derecho por carecer del sacramento del bautismo. Finalmente se trataría solo de regularizar su situación, cosa que hice, aunque el muy pillo jamás se volvió a aparecer por el colegio una vez recibida su partida de bautismo, como yo le pedía para impartirle la formación correspondiente.

En cualquier caso, estos tres traspiés sacramentales son explicables por una laguna en mi formación sacerdotal: cuando estaba en mi "convivencia de diáconos" –previa a la ordenación sacerdotal– el director espiritual nos dijo que los sacerdotes de la Obra no deberíamos dedicarnos a administrar bautizos y bodas, sino a las labores pastorales de la Prelatura, por lo que decidió no impartirnos la formación respectiva, diciéndonos que, si queríamos, podíamos leer cada uno por nuestra cuenta el documento que explicaba el modo de proceder en estos casos. Lamentablemente no capté bien la hipérbole y me lo tomé a la tremenda, de forma que no estudié esos textos, jamás pensé que mi vida sacerdotal terminaría discurriendo por estos derroteros. Cabe decir que la praxis pastoral de la Prelatura ha cambiado mucho desde entonces y ahora, paradojas de la vida, es justo al revés: ante la aguda crisis que experimentan actualmente los matrimonios y las familias, se anima a los sacerdotes de la Obra a celebrar matrimonios, para brindarles acompañamiento incluso desde antes de que inicien su vida matrimonial y, a ser posible, a lo largo de toda ella.

Por mi parte, puedo afirmar que algunos de mis momentos estelares del sacerdocio, es decir, de las ocasiones más felices de mi vida, han sido al culminar las ceremonias de bautizos colectivos. La satisfacción más grande se dio, quizá, en la primera ocasión, donde bauticé cerca de 80 personas entre niños, adolescentes y adultos. Utilizo la expresión "cerca" porque nunca supe el número exacto: según mi ayudante bauticé más de los que tenía en la lista, por lo que siempre supusimos que hubo algunos "colados" que, si bien recibieron el bautismo, no en cambio su partida bautismal. Eso sólo me ha ocurrido en la "pastoral extrema" de Comas, Lima Norte.

# Atenciones pastorales singulares

Con frecuencia me he encontrado con situaciones pastorales que "no estaban en el manual", las cuales muestran la riqueza de las diferentes situaciones humanas en las que se encuentra el pueblo de Dios, reticente a enmarcarse dentro de una casuística preestablecida. Digamos que eran circunstancias que "estaban allí" y reclamaban algún tipo de "estrategia pastoral".

Me viene a la memoria, por ejemplo –omito los nombres o los modifico para preservar la privacidad de los protagonistas– el caso de una mamá del Colegio, que tuvo tres hijos con tres papás diferentes. En su caso, intenté que regularizara por lo menos su último compromiso, pues el papá de su tercer hijo era profesor del Colegio. Mamá y profesor se habían enamorado, fruto de las entrevistas con motivo de su primer hijo. De este rocambolesco romance, me parecía, podía surgir una situación estable. Pero jamás logré convencerla de que abandonara –incluso por su situación personal– la unión libre. Sin embargo, tuve la ocasión de conversar repetidamente con ella, para asesorarla tanto respecto a sus dos hijos mayores (un niño y una niña), como a lo referente a su relación con el profesor.

Lamentablemente nunca conseguí mis objetivos pastorales. Sigo pidiendo por ella y su familia.

## PASTORAL DE PERSONAS CON INCLINACIÓN HOMOSEXUAL

Un caso particular dentro de este rubro de "atenciones pastorales singulares" lo constituye la atención pastoral de personas homosexuales. Nuevamente no era algo especial, con lo que te pudieras encontrar, según los manuales de mi formación sacerdotal. Aparte de las calificaciones morales acerca de los actos homosexuales contenidas en el Catecismo de la Iglesia Católica, poco más me podía ofrecer mi preparación al sacerdocio. Fue la vida misma, en el ejercicio de la pastoral, la que me condujo a profundizar en los entresijos de esta apasionante labor.

El primer caso, que despertó vivamente mi atención y me llevó a interesarme por el tema, a investigar y a eliminar viejos clichés que había asimilado, fue el de un chico, de unos 15 años, que en una excursión me comentó acerca de su inclinación homosexual. Lo hacía con pena y con dolor, necesitaba alguien con quien desahogarse y descargar todo lo que bullía dentro de su corazón. A mí me sorprendió particularmente porque el muchacho no era nada afeminado –suponía entonces, erróneamente, que las personas homosexuales lo eran poco menos que necesariamente–, al contrario, era líder, con un carácter bien delineado, muy apreciado por sus compañeros. Me contó su historia, que enraizaba en una pésima relación con su padre. A lo largo del tiempo que estuve en ese colegio, intenté animarlo a que buscara atención psicológica e hiciera un esfuerzo para recuperar su heterosexualidad. En realidad, él no quería ser homosexual y lo vivía como una condena o un castigo de Dios. Le dio mucha paz saber que no se iba a condenar necesariamente por su condición, y que Dios lo quería a él a pesar de todo. Pero nunca intentó realizar el cambio, consideraba su situación como un fatídico destino.

Con el paso del tiempo, además, tuvo varias experiencias homosexuales con compañeros del colegio que no lo eran, pero querían experimentar algo diferente. En fin, me sorprendió mucho, cuando dejé el colegio y volví un año después a verlo, descubrir el elevado número de parejas que había tenido a lo largo del año. En su vida había mucha promiscuidad, nada de orden, era un caos existencial tanto en el colegio como en su casa, de la que se había marchado en edad escolar. Finalmente le perdí la pista, los derroteros de su vida no seguían un buen camino por lo que, al día de hoy, sigo pidiendo por él.

Él fue el primero de varios, chicos y chicas, que pasaban por esa situación, y que me abrían confiadamente su corazón. Aprendí a tomarles gran afecto, me especialicé en el tema. Participé en diversos programas de radio y de TV hablando del asunto, incluso tuve un debate con un activista gay. Fruto de todo ese *background* publiqué el libro: *La Iglesia y los homosexuales. Un falso conflicto*. Al mismo tiempo, tenía dos conferencias, que impartí en diversas universidades y espacios culturales: "La homosexualidad en el Magisterio recíente" y "La Iglesia y los homosexuales". Me hice muy amigo de un activista gay, y mantuve un estrecho contacto intelectual con un connotado homosexual francés, Philippe Ariño, a quien le gustó mucho mi libro e incluso publicó una reseña del mismo.

Cuento ahora algunas historias curiosas, que han sucedido al calor de este trabajo pastoral. Me sorprendió mucho, por ejemplo, el caso de una chica, lesbiana, que llevaba más de cuatro años en una relación estable. Fue a hablar conmigo, provenía de una familia fuertemente católica, tenía incluso una hermana monja. Había estudiado toda su vida en colegios de inspiración católica, con muy buena formación. Tenía las ideas muy claras al respecto, no albergaba dudas. Conocía la doctrina de la Iglesia, que condena los actos homosexuales, no así a las personas que lo son. La verdad, nunca entendí por qué me fue a buscar. Habló conmigo varias veces. En síntesis, decía que no tenía absolutamente ningún cargo de conciencia por lo que había hecho –tener intimidad con su pareja–, porque siempre lo había hecho con amor y por amor. No pensaba que hubiera nada malo en ello, ni veía en ello nada por lo que pedir perdón a Dios. Pienso que quizá quería que yo la confirmara en su proceder, obviamente no pude hacerlo. Curiosamente me tocó, al poco tiempo, escucharla cuando fue a contarme, anímicamente destruida, que su pareja la había cortado. Ella no se acercaba a comulgar, porque sabía que su proceder contravenía las normas de la Iglesia y, en último término, las enseñanzas de Jesucristo. Pero no se podía confesar, porque no estaba nada arrepentida de lo que había hecho. Estaba en una especie de "limbo moral", queriendo recibir al Señor, rezando todos los días, acudiendo a Misa cada domingo, pero sin deseos de cambiar de vida. La claridad de sus ideas y su determinación moral me impactaron mucho.

Otro caso semejante, en el sentido de tener que consolar a una lesbiana que había cortado con su pareja, me lo presentó una chica más joven –la anterior era profesionista–, una estudiante de secundaria que se identificaba como lesbiana, y que fue a hablar con el capellán de su colegio, el Miravalles de Comas, Lima Norte, cuando su pareja la cortó. Obviamente necesitaba alguien que la escuchara y que la comprendiera, cosa que intenté hacer del mejor modo que fui capaz. Pero, ciertamente, al hacerlo e intentar consolarla –estaba muy abatida– interiormente no sabía si estaba jugando el partido del lado correcto.

Otros casos, sin embargo, han sido más bien *by the book*; es decir, las cosas han sucedido como hipotéticamente deberían ser. Varias personas, algunas con inclinaciones vocacionales y en algún caso seminaristas, han venido a conversar conmigo, porque tenían una honda inquietud por experimentar interiormente una fuerte inclinación homosexual. En algunos casos había sido solo la inclinación; en otros la habían llevado ya a la práctica. En cualquier caso, se trataba de personas que querían vivir conforme a las enseñanzas de la Iglesia, es decir, hacer un esfuerzo por vivir el celibato, aunque, eventualmente, tuvieran caídas. Alguno de esos clientes lo he seguido atendiendo, a lo largo de los años, a través de las redes sociales, pues actualmente vivimos en países diferentes. Pero él, siempre que está bajoneado, me escribe, y yo agradezco mucho esa confianza y rezo por él.

Otro caso curioso, que se ha repetido en los distintos hemisferios del planeta, es el de padres de familia numerosa –no pongo el número de hijos, para no dar pistas, pero son muchos–, que aman con locura a su mujer, a su familia, pero que, en determinadas situaciones de picos de ansiedad, no pueden parar sino hasta desfogarse con algún prostituto. Después de ello –a los dos que ahora tengo en mente– les venía una "cruda moral" horrorosa, y me buscaban para hablar. Yo hacía todo lo posible para levantarlos, para hacerles ver que su verdadero "yo", el que Dios veía y valoraba, era su "yo" en el que ejercían de buen padre y marido, hombre de hogar, amante de su familia. El otro "yo", en cambio, era fruto de una esquizofrenia moral y tenía tintes patológicos. Pero su verdadera identidad era la positiva. En efecto, la mayor parte de su tiempo estaban en ese modo, y sólo de vez en cuando, cada 3, 4 o 6 meses, afloraba, incontenible su "otro yo".

Algo análogo me ha sucedido en la atención sacerdotal de algunos hermanos míos en el sacerdocio. Recuerdo, porque me impresionó bastante, cuando comencé a ejercer mi ministerio sacerdotal, en Málaga, España, un caso en particular. Como sacerdote recién ordenado, iba a confesar a una iglesia pública una tarde a la semana. Y varias veces me tocó atender a un sacerdote mayor, con este tipo de flaquezas. Yo era un sacerdote recién ordenado, estaba perplejo, no pensaba que esto pudiera pasar y, la verdad, no sabía que aconsejarle. En el fondo sabía que a él no le interesaba el consejo –estaba en una etapa de la vida donde resulta realmente difícil cambiar– sino la absolución, cosa que yo le brindaba con cariño. Otro caso semejante lo conocí al predicar un curso de retiro para sacerdotes. Uno de ellos me buscó para hablar, y me contó su triste historia: de chico había sido abusado por sus primos, había accedido al sacerdocio buscando huir de su inclinación, eventualmente cedía a ella. Cuando eso pasaba, como a los dos señores casados de más arriba, le entraba una resaca moral enorme. También, como a los casados, intentaba convencerlo de que su "verdadero yo" era el de sacerdote, amante de la Eucaristía y de su parroquia. Era el "yo" que Dios veía y quería. El otro representaba la "Cruz de sus defectos", que debía aceptar y hacer todo lo posible por eliminar, a pesar de no conseguirlo totalmente. Era, en resumen, un hombre muy bueno, con un gran corazón, con unos defectos muy grandes. Felizmente es Dios, que nos quiere, el que tiene que juzgarnos.

Un caso de excepción lo representa una persona que, a mi juicio, fue un santo con inclinación homosexual.

Lamentablemente, siempre fue un "homosexual vergonzante", es decir, consiguió mantener oculta su inclinación toda su vida, pero la tenía y fuerte. Lo sé porque lo atendí espiritualmente cerca de siete años, y puedo testificar la heroicidad y delicadeza de su lucha interior. Persona de comunión diaria, rosario diario, oración diaria, trabajador responsable, servicial Un santo, en definitiva, que sabía pasar oculto –lo cual suma abundantes puntos de humildad–, con inclinación homosexual. Como dicen los italianos: *"peccato"* que no fuera pública, porque de haberlo sido, podría ser el primer homosexual canonizado. Estoy seguro de que hay muchos como él. Esperemos que, en este tiempo, donde la homosexualidad ya no se oculta, sino se exhibe, podamos tener personas con esta inclinación que podamos canonizar, para ofrecerlas como modelos asequibles a los *gays* católicos.

## PASTORAL DE DROGADICTOS

En realidad, resulta un tanto pretencioso denominar "pastoral" al trato que he tenido frecuentemente con personas drogadictas. A veces ha constituido, simplemente, en brindar argumentos a los chicos, intentando convencerles de que no da igual consumir marihuana o no. Otras veces se trata de escucharlos, para comprender por qué acuden a la droga e intentar ofrecerles otras opciones. Digamos que esto entraría dentro del rubro de la pastoral ordinaria. A veces tienes que convencer a un chico de que no es indiferente consumir pornografía, otras veces convencerlo de que no da igual consumir marihuana o no.

Pero en el campo de las drogas, creo que dejó una particular huella en mi alma el caso de mi amigo "X" (omito el nombre por discreción). Era papá de un chico que participaba en las labores formativas que realizábamos en el centro de la Obra, y que era muy amigo mío. A través de la amistad con el chico entablé una sincera amistad con el padre. Él era médico, pero era cocainómano. La adicción a la cocaína destruyó primero su vida profesional, más tarde la familiar y finalmente acabó con su propia vida.

Me buscaba con frecuencia, ya sea cuando estaba en medio de su viaje, para contarme acerca de las terribles alucinaciones apocalípticas que tenía. Visiones de un Cristo negro y del fin del mundo lo atormentaban. Luego, en la resaca, también iba a buscarme, para encontrar algo de ayuda, consuelo y comprensión. Él era excesivamente extrovertido, no tenía ningún pudor, ni sentido de la circunspección. Llegaba a mi casa, a cualquier hora gritando y hablando escandalosa y destempladamente. Los otros residentes en mi casa le pusieron el amable apelativo de "locochón". "Ya llegó el locochón a buscarte", me decían.

Fue realmente doloroso acompañar a una persona que había destruido su vida y su familia por las drogas, y que era incapaz de dejarlas, hasta el punto de que ellas acabaron con su vida. Él agradecía mucho la compañía, la amistad, el que no te alejaras asqueado de él, a pesar de lo que hacía. Hablar con él y, sobre todo, escucharlo, te ayudaba a comprender cómo una persona buena, con un excelente corazón, con gran amor a sus hijos, se encontraba en cambio totalmente dominada por una adicción que nunca pudo controlar y que, finalmente, lo llevó a la tumba. El corazón humano es capaz de conjugar a un tiempo la grandeza y la miseria. Escucharlo y quererlo ha sido para mí una página importante en mi vida. Pido especialmente por su eterno descanso. Si la vida no le dio reposo, espero que Dios y la Virgen –a quienes él quería mucho en vida– se lo otorguen en la eternidad.

## En la cárcel

Al igual que en el parágrafo anterior, sería pretencioso afirmar que me he dedicado a la pastoral penitenciaria. No ha sido así, guardo especial admiración a los sacerdotes que se consagran a esta delicada, difícil y escondida labor. Particularmente a los cuatro capellanes de la cárcel de Lima, Perú, que atienden a más de diez mil presos. Pero sí puedo decir, con una mezcla de orgullo y gratitud, que visité con frecuencia la cárcel de Lima, pues ahí fueron a parar dos amigos míos. Fue toda una experiencia sumergirse en este tenebroso submundo, y ver cómo, en situaciones extremas, la gente está más sensible al tema de Dios.

Ambos amigos fueron a parar a la cárcel por una situación injusta. Por lo menos eso dicen ellos y yo les creo.

No tenían, ninguno de los dos, el perfil del criminal, sino el de la persona ingenua que estaba en el lugar equivocado en el momento equivocado.

Mi amigo Miguel era el portero de un edificio en cuyo estacionamiento dejaba mi carro habitualmente. Era muy devoto del "Señor de los Milagros" (la principal devoción en el Perú) y me tocó acompañarlo de cerca cuando falleció su madre. Él, por buena gente, permitía que unos "amigos" suyos, colombianos, dejaran estacionados "sus carros" en el estacionamiento del edificio que cuidaba. Con el tiempo se supo que esos carros eran robados y que los "amigos colombianos" eran miembros de una banda de asaltantes. La policía no pudo capturar a los colombianos, pero sí a mi amigo peruano, al que catalogaron de "cómplice", y por ese delito –nunca pudo probar su inocencia– fue condenado a 4 años de prisión, creo recordar.

A partir del momento en que supe de su paradero en prisión, gracias a las informaciones de los residentes en el edificio y al buen oficio de un policía amigo, cuidador del colegio en el que trabajaba, que también trabajaba en la cárcel, comencé a visitarlo con cierta regularidad. Al hacerlo me fui enterando de los cuestionables usos y costumbres de la prisión, que daban lugar a un *modus vivendi* un tanto viciado.

Así, por ejemplo, la primera vez que fui a visitarlo me pidió dinero. Me explicó que, para tener "derecho" a una cama en la celda –que compartía con otros presos– debía pagar una cuota semanal al encargado del pabellón. Ahora no recuerdo bien, creo recordar que había 12 pabellones en la prisión, al frente y como responsable de cada uno de ellos estaba ¡un preso!, el cual se encargaba de "que no se alborotara el gallinero", es decir, que no hubiera problemas. Esos "presos presidentes" rendían cuentas al coronel, encargado de la cárcel. Eso se notaba, por ejemplo, cuando iba a visitarlos, pues el policía me acompañaba hasta la puerta del pabellón, una vez adentro mi "seguridad" quedaba en manos del prisionero en jefe. Pues en su pabellón, el preso en jefe cobraba una renta por acceder a la cama para dormir; si no la pagabas dormías en el piso. Me explicó que había una forma de conseguir dinero. Bastaba ir al pabellón 9 y prostituirse ahí. Ahí pagaban los presos por acceder a servicios sexuales. Los presos más desesperados por las carencias económicas podían acudir ahí para solucionar sus problemas financieros, pero para mi amigo ese "peaje" era muy elevado y prefería dormir en el suelo. Obviamente accedí a financiarle las primeras semanas de cama.

Mi segundo amigo había sido acusado de un delito más tenebroso. Era profesor de una escuela secundaria mixta, y fue acusado de acoso sexual por una chica de la secundaria. Como narraba él los hechos, en realidad era muy difícil que hubiera podido cometer ese crimen. No había tiempo suficiente y el lugar estaba demasiado visible para intentar cualquier cosa en ese sentido. De hecho, después de 3 años fue absuelto. ¡Curiosa forma de hacer justicia en la que, mientras averiguan si eres culpable o no te meten a la cárcel! He sabido que es una práctica frecuente, tanto en México como en el Perú, la llamada "prisión preventiva". "No sabemos si eres culpable o no, pero en lo que lo averiguamos, para que no te escapes, te metemos en la cárcel". Mi amigo se echó diez y ocho meses en la prisión, un año en arresto domiciliario, y luego se fugó del país por seis meses en lo que dictaban su sentencia que, finalmente, fue absolutoria.

Este amigo tenía mucho apoyo de su familia, por lo que no necesito ayuda para pagar su "derecho de cama". De hecho, algunas veces que lo fui a visitar, me invitó a comer en una especie de "restaurantes" que había dentro de la prisión. Debo confesar que en esos momentos "me la jugué", pues no metía mi mano en el fuego por la higiene ni los ingredientes con los que preparaban los alimentos dentro de la cárcel. Pero él agradecía mucho esos gestos de cercanía, cuando la desgracia se había cernido sobre su vida.

A él le sirvió mucho la prisión para acercarse a Dios. Formó un grupo de música religiosa dentro del recinto y colaboraba en las misas con los capellanes de la cárcel. Tenía conciencia de estar haciendo una importante labor apostólica con el resto de los presos y tenía vivos deseos de que otros compañeros suyos se acercaran a Dios. Le angustiaba ver cómo los evangélicos iban ganando terreno entre los presos, ya que muchos pastores protestantes visitaban la prisión, mientras que sólo había cuatro sacerdotes católicos en ella (aunque estos últimos estaban de planta y de alguna forma eran "oficiales", mientras que los evangélicos eran "eventuales").

Por él supe también que el "preso encargado" del pabellón, no sólo vendía el "derecho de cama". También podías conseguir drogas, alcohol y acceso a las redes sociales –cosa que está prohibida para los presos–. De hecho, estando él en prisión, varias veces me lo encontré en Facebook. Me explicó que pagando una módica suma, el preso presidente de su pabellón le daba acceso. Su pabellón, que era el de los crímenes sexuales, era el "pabellón V.I.P de la cárcel", pues es de nueva factura. Ahí habían recluido juntos a todos los presos acusados de haber cometido delitos sexuales porque los demás presos los maltrataban. Les hicieron un pabellón especial para cuidar de su seguridad. Siempre quiso que trajera a los chicos del colegio que atendía a jugar un partido de fútbol con los presos de su pabellón. Nunca se pudo concretar por lo complicado de la gestión. Que entrara un sacerdote era fácil, un equipo de fútbol no lo era tanto.

Mis dos amigos, con el tiempo, dejaron la cárcel y, gracias a Dios, pudieron recuperar sus vidas normales. Ambos consiguieron empleo, se casaron y tuvieron hijos después de esta dura experiencia que, sobre todo al segundo, les ayudó mucho a crecer en interioridad y en trato y compromiso con Dios. Para mí la aventura en la prisión fue una experiencia fuerte, donde veías a un tiempo lo peor de la condición humana, así como su grandeza y nobleza, que no desaparece del todo ni en el criminal más abyecto. Sobra decir que la policía carcelaria siempre fue muy amable conmigo. Gracias al concordato que tiene el Perú con la Santa Sede, podía acceder con facilidad y rapidez a los presos, ahorrándome las infinitas colas, que junto con sus ilegales contribuciones –te pedían dinero en cada estamento de seguridad para poder visitar a tu familiar– tenían que padecer los familiares de los presos.

## BENDICIÓN DE CASAS EMBRUJADAS

No es broma. En varias ocasiones, en los dos hemisferios del planeta, concretamente en Culiacán –hemisferio norte– y Comas, Lima, Perú –hemisferio sur–, varias personas me han solicitado que bendiga su casa, por tener "presencias extrañas". No voy a juzgar la veracidad o no de estas presencias, pues personalmente nunca vi nada extraño, pero las personas que me lo pedían parecían dignas de crédito. Gracias a Dios, que yo sepa, siempre, después de la bendición, desaparecieron esas misteriosas presencias. Sólo una vez rechacé realizar la bendición porque, por lo que contaban los afectados, el problema implicaba no una simple bendición, sino un exorcismo, de forma que puse en contacto a la familia con el exorcista de la diócesis, el cual exorcizó la casa, después de lo cual dejaron de suceder cosas extrañas.

La relación no sigue un orden cronológico, más bien relato los hechos según van compareciendo en mi memoria. El primer caso fue el de un profesor del Instituto Chapultepec, en Culiacán, Sinaloa, México. Biólogo él, al igual que su esposa –es decir, ambos tenían carrera universitaria, no eran personas particularmente impresionables o crédulas–. En su nueva casa pasaban cosas extrañas. En concreto, tanto en la puerta de la entrada como en la cocina. Veían de reojo una sombra, que entraba en la casa o en la cocina. Se abrían, inexplicablemente, las ventanas de la cocina y "sentían" una presencia extraña y un aire sofocante (lo que no es extraño en Culiacán, donde en el verano oscilan las temperaturas entre 45 y 48 grados, con bastante humedad), pero ellos lo percibían incluso teniendo encendido el aire acondicionado. Un día, escarbando en su pequeño jardín, para plantar algunas flores, se encontraron con restos humanos. Dieron parte a la policía, los desenterraron y se los llevaron. Tristemente no es extraño esto en Sinaloa, tierra lacerada por la violencia del narcotráfico. El caso es que, llegados a este punto, fueron a solicitar la bendición, la cual impartí con mucho gusto, lo que me mereció una invitación a comer con ellos.

Durante la comida me narraron otro hecho paranormal que habían experimentado en su vida. Fue cuando eran novios y estudiaban la carrera. Tuvieron que hacer un viaje de investigación junto con sus compañeros de clase a la sierra de Durango. Llegaron al lugar donde se iban a alojar –un rancho perdido en la montaña–, pero no había nadie para atenderlos. De modo que no entraron en la casa y se quedaron en el jardín. Ella, después de cenar y pasar un rato en la fogata, se fue a dormir debajo de un árbol, tomando como almohada una piedra que estaba al pie del árbol. Después de un rato dormitando sintió una presencia maligna que la asfixiaba. Una especie de manos invisibles que apretaban su cuello, ella intentaba quitárselas con sus propias manos. Sus compañeros vieron el movimiento brusco de ella y la expresión de asfixia, pensaron que era sonámbula y estaba teniendo una pesadilla. Todos se pusieron alrededor de ella observándola, ella los veía, pero no podía hablar para pedir ayuda. Cuando por fin se desesperó, dejó de hacer fuerza para alejar de sí esas manos invisibles, y comenzó a rezar internamente una Ave María. En ese momento cesó la presión sobre su cuello y se esfumó "la presencia". Al día siguiente llegó el campesino que los iba a hospedar, y los invitó a desayunar en su casa. Le contaron lo sucedido. Él se echó a llorar y les dijo que esa piedra –la que había usado como almohada– la había puesto él en el lugar donde se encontró el cuerpo de su hija, que había sido violada y asfixiada mientras él estaba realizando las faenas del campo.

Otra bendición de casa fue en otro barrio de Culiacán, de clase alta. Unas personas habían comprado una casa. Con frecuencia veían que una sombra salía de un cuarto –abría y cerraba la puerta– y entraba en el comedor. Lo veían de reojo, habitualmente en torno a las 6 de la tarde. Los nuevos inquilinos de la casa sabían que en ella se había suicidado una mujer joven, y atribuían a ese hecho la presencia de la sombra. Fui entonces a bendecir su casa, y además ofrecí la Santa Misa por el eterno descanso de aquella chica. Gracias a Dios no volvieron a percibir esa sombra.

La historia de la casa que no bendije, porque necesitaba ser exorcizada es la siguiente. Se trata de una vivienda ubicada en la colonia Chapultepec, muy conocida en Culiacán. Un día fueron a buscarme dos profesionistas, de más de treinta años, menos de cuarenta. Me comentaron que, en la casa de sus papás, de toda la vida, habían tenido experiencias paranormales. Tanto sus padres, como ellos y sus hijos –tres generaciones– habían experimentado cosas extrañas a lo largo de los años. La casa ya había sido bendecida por lo menos en tres ocasiones y, sin embargo, los fenómenos no cesaban.

¿Cuáles eran los fenómenos?, ¿desde cuándo sucedían? Su abuela vivía en ese terreno en una casa antigua que fue demolida. Pero ella practicaba espiritismo, de modo que el terreno quedó infestado. Cuando se demolió la casa y se comenzó a construir la nueva, en la que sucedieron todos los hechos paranormales, un velador del terreno se suicidó, y un albañil murió durante la construcción. Luego, a lo largo de los años, las tres generaciones habían tenido problemas. Los papás, quienes ahora habitaban la casa, eran supernumerarios del Opus Dei ambos; es decir, comulgaban a diario, rezaban el rosario juntos, hacían oración mental. Ellos ya se habían acostumbrado y no le daban importancia, pero sus hijos –los profesionistas jóvenes– querían acabar con ello, porque también sus niños habían experimentado esas extrañas presencias.

Por ejemplo, un día, estando el matrimonio en la cocina, escucharon cómo todos los libros de su biblioteca –que estaba en el último piso de la casa– se caían sin motivo. La puerta estaba cerrada, no había nadie más en la casa, el hecho no tenía explicación. Los hijos de ellos recuerdan haber visto, desde el segundo piso de la casa, a un señor vestido de negro, con sombrero, al que no se le veía el rostro, con frecuencia en el jardín. Cuando bajaban no había nadie, las puertas estaban cerradas y no se habían abierto. En otra ocasión, jugando con su hijo, de tres años, a lanzarle una pelota por un pasillo de la casa, la pelota entró en un cuarto. El niño entró para buscarla, pero rápidamente salió despavorido, diciendo que había un monstruo dentro, y como esas, muchas otras cosas más.

Finalmente, al saber que ya había sido bendecida en tres ocasiones, les dije que no tenía sentido volverla a bendecir, y que lo mejor sería llamar al exorcista de la ciudad, el famoso "Padre Jeringas", el cual fue, celebró una Misa dentro de la casa, en la habitación donde solían suceder con más frecuencia cosas extrañas, la exorcizo y luego les dijo a los hijos –los papás ya lo hacían habitualmente– que debían comulgar y rezar el rosario durante sesenta días, cosa que devotamente hicieron. Con eso, por fin cesó la actividad paranormal en aquella casa.

En Comas (Lima, Perú), eran más frecuentes las peticiones de bendiciones. También, es verdad, que era más frecuente encontrarse con prácticas supersticiosas. Ya he mencionado, más arriba "la agüita de socorro", pero la que estaba realmente generalizada, era la práctica de "pasar el huevo" (frotar o rozar un huevo en el cuerpo de una persona, frecuentemente niños), para contrarrestar los efectos del "mal de ojo". Cuando alguien estaba "ojeado" la prescripción era "pasarle el huevo". Esto surtía efecto sobre todo con los niños. Cuando un niño o bebé no paraba de llorar sin razón, entonces se le pasaba el huevo. Y, según la sentencia unánime de las madres a las que consulté sobre el tema, el bebé dejaba de llorar, funcionaba.

Pues en ese contexto, más proclive a la superstición, no resultaba extraño que se requirieran mis servicios. Recuerdo en particular dos casos. Uno de ellos fue en la casa de una de las familias con las que mantuve más estrecha relación a lo largo de los cinco años que estuve atendiendo Comas. Una madre soltera, que vivía con su mamá, su hermano y su único hijo. Ella y el hijo percibían presencias extrañas en la casa, que se manifestaban en azotes de puertas, que se encendieran aparatos electrónicos solos a mitad de la noche, que les tiraran de las sábanas y las cobijas. Todo lo prescrito en el manual para declarar que la casa estaba "infestada". Ahora, al hacer memoria, reconozco que, en este caso, mi bendición no funcionó, o sólo funcionó temporalmente, pues tuve que repetirla. También es verdad que en esta casa personalmente percibí que el ambiente estaba cargado. Es muy difícil definir esta impresión de pesadez, pero es algo que se siente.

El otro caso es también curioso. Una profesora del colegio de niñas vivía en una casa paupérrima de ese barrio. Pero vivía también en medio de unas condiciones infrahumanas. Su madre, que ejercía sobre ella y su marido –en realidad eran convivientes– un férreo matriarcado, había estado desequilibrada mentalmente, de forma que en la casa no tiraban la basura y hacían acopio de cachivaches y cosas inútiles, hasta el punto de que resultaba difícil entrar y moverse por la casa. Finalmente, la madre, que era muy proclive a las prácticas supersticiosas, murió. Fue entonces cuando me invitaron a bendecir la casa, "porque se sentía pesado el ambiente", lo cual no era extraño, considerando la cantidad de cosas inútiles y basura que guardaban. Lo hice con mucho gusto, pero también animé a la pareja a que se deshicieran de todo lo innecesario, porque esas no eran condiciones dignas para vivir.

Por último, la historia de Cinthya y Geordi, que vivían en una casa vieja, del parque Hernán Velarde, muy cercana al SAMA, centro del Opus Dei que me tocaba atender. Había un bonito parque enfrente de ambas casas –el SAMA y su casa–, al que con frecuencia salía yo para rezar una parte del rosario. Ellos se acostumbraron a verme por ahí y, finalmente, se animaron a pedirme que bendijera su casa. En ella había ruidos extraños y algunas cosas se movían sin explicación –por ejemplo, cortinas, estando cerradas la puerta y la ventana–. La mamá, Cinthya, tenía constantemente pesadillas horribles. Su bebé, Mateo, de vez en cuando parecía aterrorizado. Les pregunté si lo tenían bautizado, ante la negativa les ofrecí hacerlo. El bautizo del niño y la bendición de la casa pusieron fin a los eventos paranormales. A la fecha y a la distancia, sigo manteniendo la amistad con ellos. Eso sí, nunca conseguí que se casaran por la Iglesia, lo más que pude fue bautizar a Geordy, pero les faltó dar el paso final. Rezo con frecuencia por ellos y su familia.

Las procesiones

Una página particularmente entrañable la constituyen las procesiones, en su mayor parte eucarísticas, aunque también las hubo de otro tipo. Prácticamente en todos los colegios por los que he pasado, hemos tenido procesiones eucarísticas. La primera, que recuerdo con particular emoción, fue en el Colegio *Altamira*, de Guadalajara, México. Resultaba muy hermoso ver cómo los niños y adolescentes adoraban a Jesús presente en la Eucaristía.

En el Perú, además de las procesiones, organicé con frecuencia jornadas de adoración eucarística. Durante los jueves primeros de cada mes, todos los chicos del Colegio *Humtec*, acudían al oratorio para tener un rato de adoración eucarística delante del Santísimo expuesto en la sencilla custodia del colegio. En la Universidad de Piura organicé en una ocasión una "vela al Santísimo": turnos de media hora, a lo largo de toda la noche, donde los chicos se iban turnando para estar delante del Señor haciendo su rato de oración. Fue noche de oración y de estudio, pues se encontraban en semana de exámenes, de forma que alternaban su desvelada estudiando y orando. Fue una gran experiencia.

Las procesiones más pintorescas tuvieron lugar en el Colegio Humtec. Las realizamos por lo menos en tres ocasiones, durante los años que estuve ahí. Ponían en juego a todas las instancias del colegio: papás, profesores, alumnos, personal de intendencia  Había que decorar los distintos altares donde iba a hacer escala el Señor, adornar el camino con aserrín pintado y flores, hacer diseños especiales delante de los altares en donde se expondría al Santísimo y se daría la bendición. Lo bonito de estas procesiones es que salíamos a la calle, recorríamos diversos pasajes del barrio, dábamos una bendición en la Iglesia cercana y, para mí lo más sorprendente, entrábamos en un colegio público, que había preparado un altar dentro de sus instalaciones. Ahí los chicos y chicas de ese colegio adoraban a Jesús Eucaristía, algo absolutamente impensable en México, donde la educación pública es laica rayando en laicista.

Había una excelente relación con la directora del colegio público. Cada año me invitaba a presidir la celebración de su fiesta patronal, "La Medalla Milagrosa"–¡un colegio público con fiesta patronal!–, y con frecuencia también a dar charlas a los padres de esa escuela. Pude bendecir sus nuevas instalaciones y el pizarrón inteligente que ganaron en un concurso, así como su nueva biblioteca. Era bonito ver cómo una escuela pública mantenía vivas tradiciones de fe y piedad popular.

En el colegio Humtec y en su compañero femenino, el Miravalles, además de las procesiones eucarísticas, pudimos realizar la procesión del "Señor de los Milagros", la más importante advocación peruana, que da pie a la procesión más concurrida del mundo, donde participan cientos de miles de personas. Además de la procesión principal, prácticamente cada parroquia tiene la suya, y muchas escuelas, entre ellas, las nuestras: Humtec y Miravalles. Nuevamente resultaba bonito llevar la imagen por las calles del barrio y ver cómo los chicos se tomaban muy en serio su participación en el evento. Este tipo de actividades le daban vida y rompían la monotonía de la atención pastoral de niños y adolescentes. En realidad, era una pastoral total, pues también atendía profesores, padres de familia, personal administrativo y de limpieza, a todos llegaba el calor de la capellanía. Considero este periodo de cinco años, como la época dorada de mi ministerio sacerdotal.

En este sentido, y haciendo una digresión en el tema que nos ocupa –las atenciones pastorales peculiares y dentro de ellas las procesiones–, puedo decir que durante mi época como capellán de estos dos colegios viví los mejores años de mi vida, en el sentido de experimentar una plenitud y una honda satisfacción, tanto humanas como sobrenaturales. Quizá, sea icónico dentro de esos años mi cumpleaños número 43, en el 2016, el cual considero el mejor cumpleaños de mi vida. En efecto, nunca me he sentido tan querido y tan acompañado, nunca he recibido tantas muestras de cariño como durante ese cumpleaños en los colegios Humtec y Miravalles.

Como capellán de la Universidad de Piura campus Lima tuve la oportunidad de organizar una procesión del Corpus Christi dentro del campus. Fue particularmente emotivo y hermoso ver cómo alumnos, profesores y administrativos aprovechaban la ocasión para adorar a Dios. También allí pude organizar una vela al Santísimo Sacramento durante una semana de exámenes. El plan era atractivo: quedarse en la noche a estudiar en la universidad –y a convivir lógicamente–, dedicando media hora a acompañar al Santísimo por turnos, pidiendo, entre otras cosas, por el buen éxito en las evaluaciones. Recuerdo que la última hora de la vela tuve que echármela yo solo. A la bendición final acudieron algunos pocos valientes que pasaron toda la noche en vela en la universidad. Para mí este evento fue particularmente satisfactorio, de esas veces que sientes llena el alma y el corazón, cuando estás agotado, pero sabes que ha valido la pena el esfuerzo, porque de ahí ha salido algo hermoso.

Y, finalmente, aunque no se trata propiamente de "procesiones", también tuve la oportunidad de colaborar con frecuencia, ya sea oficiando la Santa Misa o brindando conferencias a los alumnos, en otro importante colegio limeño. El "Primer Colegio Nacional Benemérito de la República Nuestra Señora de Guadalupe". Es la institución

de educación pública peruana de más solera –fue fundado
en 1840–. Lo curioso –por lo menos para mí, ciudadano
mexicano– es que se trata de un colegio público y laico,
aunque no deja de ser extraña la noción de "laicidad" en el
Perú, pues tiene a la entrada un hermoso mural de la Virgen de Guadalupe, goza de una hermosa y amplia capilla
–prácticamente una Iglesia neogótica dentro del inmenso
colegio–, la cual tiene una bellísima imagen de bulto de
Nuestra Señora de Guadalupe y, finalmente, celebran a
su patrona con una procesión en el Colegio así como con
concursos de preguntas sobre la Virgen de Guadalupe. Y,
como en todos los colegios peruanos, tienen sendas clases
de religión en cada grado. La coordinadora del curso de
religión fue buena amiga mía y con frecuencia me pedía
apoyo para celebrarles la Eucaristía.

PASTORAL VIRTUAL

Una pastoral *sui generis* y apasionante que, para mí,
al no ser "nativo digital" resultó muy novedosa, es la
"pastoral virtual, o digital, o de internet". Prácticamente
coincidía con el inicio de mi aventura sacerdotal –2002–
el *boom* de internet, la configuración del "continente digital", es decir, el "continente más habitado de todos".
Como san Pablo en el areópago, había que estar donde
está la gente, donde se cuecen las ideas, y ese lugar virtual
es internet. El más importante de los "nuevos areópagos"

que preconizaba san Juan Pablo II, era internet. Había que estar ahí, para hacer presente a Cristo.

La ocasión me la brindó un texto del entonces Prelado del Opus Dei, Monseñor Javier Echevarría Rodríguez, que en el número 11 de su carta pastoral del 28-XI-2002, nos exhortaba a estar presentes en los medios de comunicación y en el mundo, para promover una "nueva moda, una nueva legislación, acorde con la dignidad de los hijos de Dios". Con eso en mente, promoví entre los chicos de bachillerato del colegio que atendía, el *Altamira* de Guadalajara (México), un club de periodismo. El esquema era muy simple: animaba a los chicos a escribir cartas a los periódicos y, ocasionalmente, invitaba a la sede del club a comer y a una tertulia de sobremesa a algún personaje de los medios de comunicación. Varios chicos lograron colocar cartas en el periódico "Mural", que andaba en pleno ascenso por aquellos años. Nos acompañaron a comer a la casa, los directores editoriales de los dos más importantes diarios de Guadalajara: Guillermo Camacho de "Mural" y Marcos Shemaría de "El Informador".

En esas andaba cuando, en el 2004, hizo su aparición la película, "La Pasión de Cristo" producida y dirigida por Mel Gibson. El filme suscitó mucha polémica. Con este motivo escribí una carta al periódico "Mural" defendiéndolo. A la asistente editorial –Irma Salas Peña– le gustó mucho el texto, de forma que me animó a agregarle dos o tres párrafos más, para ser publicado en la sección editorial del periódico. Realmente yo no salía de mi asombro, la grata sorpresa fue mayúscula. A partir de ahí comenzó mi colaboración con "Mural" que duró casi 20 años: del 2004 al 2023, y también mi incursión como articulista en diferentes periódicos y portales de internet, que duró el mismo tiempo. Al poco de haber iniciado, adquirí una cadencia semanal, y cada ocho días publicaba mis textos en diferentes diarios del país, y en portales mexicanos, peruanos y españoles. Algunos de esos textos los agrupé, de forma que compilaran un libro. Con ese material publiqué "Poder, Dinero y Santidad", "Teología para *Millennials*", "Teología para *Centennials*", "Distopía. La fe en polémica con la cultura" y "Profecía, Iglesia y Mundo".

El apasionante mundo del periodismo me dio la oportunidad de interactuar con muchas personas, que comentaban o criticaban mis textos. Este intercambio siempre fue enriquecedor, aunque en ocasiones había que poner un límite, pues no se pueden prolongar las polémicas hasta el infinito. De los textos emigré con el tiempo a los videos de *YouTube*, donde tenía dos canales: "Teología para *Millennials*" y "Meditaciones de cuarentena". También incursioné en el mundo del *podcast* gracias a *Juan Diego Network*, que promovió mi podcast "Teología para *Millennials*" y, además, por un tiempo colaboré en "*GodCast*", meditaciones breves, de diez minutos, para jóvenes.

"Meditaciones de cuarentena" tiene una historia interesante. Por la pandemia, en concreto, durante marzo de 2020, comencé a predicar meditaciones en mi *Face-*

*book*, las cuales luego colgaba en mi canal de *You Tube*. Al concluir la pandemia mi canal tenía 494 meditaciones colgadas, ¡año y medio predicando diariamente! Fue impresionante la acogida que tuvieron: sin que yo sepa cómo me escuchaban personas de toda América, incluidas islas del Caribe, Brasil, Canadá y Estados Unidos, e incluso de Europa, donde llegó a conectarse gente de España, Portugal, Francia y Suiza. Lógicamente muchísimas personas de todo México y del Perú, países en donde mayormente he desarrollado mi ministerio sacerdotal. Incluso, con esta red de personas, en las que con frecuencia superaba las mil visualizaciones de mis videos, hicimos una sencilla labor social. Se trataba de reunir recursos para comprarle una prótesis de pierna a un mendigo cojo, al que le habían amputado la pierna y que pedía limosna cerca de mi casa. Bajo el lema de "una pierna para Margarito" (así se llama el indigente), conseguimos los fondos para comprársela.

Personalmente, *Facebook* me ayudó mucho. Una de las cosas más difíciles del ministerio sacerdotal es que normalmente difícilmente echas raíces en algún lugar. No es fácil vivir desarraigados y, sin embargo, las exigencias del sacerdocio con frecuencia te lo piden. Apenas comienzas a echar raíces en un lugar, cuando te cambian de encargo sacerdotal. Así me ha pasado repetidas ocasiones en mi particular periplo sacerdotal: tres años en Guadalajara, cuatro en Culiacán, ocho en Lima, de los cuales cinco estuve en los colegios de Comas, Humtec y Miravalles y dos en la Universidad de Piura… Y los cambios siguen.

Personalmente me costaba mucho trabajo separarme de
las labores y las personas con las que me había encariñado
y había metido el corazón. *Facebook* venía un poco a mitigar ese pequeño "trauma", pues me permitía mantener el
contacto con las personas que habían sido importantes en
mi vida o a las que había servido con mi labor sacerdotal.

EN LOS MEDIOS DE COMUNICACIÓN

De la mano con la presencia en las redes, estaba la
presencia en los medios de comunicación. Una cosa me
llevó a la otra. Ya he relatado cómo a través del correo
electrónico logré entrar en el mundo periodístico, primero
de México, más tarde del Perú y de España. Debo reconocer que en este proceso gocé del apoyo de un sacerdote
santo, que llevaba muchos años escribiendo para distintos
periódicos del país. Se llama don Emilio Palafox, se orde-
nó sacerdote en 1951, se incorporó al Opus Dei en 1941
y, a la hora de redactar estas líneas –abril de 2024– sigue
con vida, aunque ya muy limitado, pues no camina y casi
no ve ni oye, pero todas esas limitaciones las lleva con
una paciencia admirable. Pues este sacerdote bueno, al
enterarse de que publicaba en *Mural* de Guadalajara, me
abrió las puertas para escribir regularmente en periódicos
de diversas ciudades del país: Hermosillo, Monterrey,
Aguascalientes, Mexicali, Tijuana, San Diego (California,
E.U.A), San Luis Río Colorado, Mérida. Con el tiempo

–después del 2010– continué haciéndolo sólo en el periódico *Expreso* de Hermosillo, ciudad en donde él vive.

En Guadalajara, Jalisco, México, incursioné también por otros medios de comunicación. Tenía, junto con mi amigo Mario Guzmán Sescosse doctor en psicología, un programa de radio, en "Radio Vital", sobre "Diálogo Interreligioso" que era la mar de interesante. Ahí invitábamos a ministros de diferentes credos religiosos, para hablar de temas transversales, y ver qué decían cada una de las religiones al respecto. El director del programa era mi amigo, Mario Guzmán Sescosse, que con el tiempo se ha convertido en un importante *influencer* católico en Estados Unidos y México. Asistíamos, como invitados de cajón, el erudito judío Felipe Herzenborn Jonisz y yo, como representante del catolicismo. Además, asistían como invitados eventuales pastores protestantes, Testigos de Jehová, ministros de la Luz del Mundo, Sacerdotes Lefrevianos, budistas, musulmanes, etc. Resultaba realmente interesante compartir las diferentes posturas acerca de la familia, la vida, la sexualidad, el trabajo, etc. Fue una experiencia breve, pero tremendamente enriquecedora, que me marcó profundamente. Como tesoro de aquella época conservo la entrañable amistad con Mario y Felipe, ahora a través de las redes sociales, porque cada quien ha emigrado a distintas ciudades de México y E.U.A.

En Guadalajara también participé en programas de radio católicos, en concreto, en varios de "Radio María". Un programa que tuvo particular éxito, con multitud de llamadas al programa, fue el dedicado a la pastoral de las personas homosexuales, tema en el que me andaba iniciando por aquellos años. Ese programa me abrió la puerta para conocer a un buen número de personas homosexuales y a acompañar a varias de ellas a través de la confesión.

Durante los 8 años que viví en el Perú, participé con frecuencia en varios programas de radio y televisión, tanto abierta como católica, en gran medida gracias al apoyo de mi amigo periodista, Carlos Alfonso Enríquez Beck. Durante esos programas ocurrieron algunas cosas curiosas. Por ejemplo, participaba en un programa de radio de la Universidad Tecnológica del Perú, donde debatíamos si deberíamos permitir que transexuales participaran en concursos de belleza. Los invitados eran Miss Ayacucho (una provincia del Perú), un transexual –hombre convertido en mujer– y yo. Realmente me sentía en una situación surrealista durante ese programa, donde finalmente opté por hacer que se enfrentaran el transexual –que estaba a favor de participar– y Miss Ayacucho, que pensaba que sólo las "mujeres biológicas" deberían hacerlo.

En varias ocasiones participé en programas de televisión abierta, normalmente cuando había algún tema de interés público que involucrara a la Iglesia. Así sucedió, por ejemplo, cuando toda la Conferencia Episcopal Chilena de golpe presentó su renuncia al Papa, por considerar que habían manejado mal el tema de los escándalos de pedofilia clerical, lo que, tristemente, hizo que decreciera

enormemente el porcentaje de católicos en aquel país sud-
americano. Un capítulo especial lo presentó la visita del
Papa Francisco al Perú. De hecho, no vi personalmente al
Papa en todo el viaje, porque estuve cubriendo todos los
eventos en diferentes medios de comunicación.

En esos programas me confrontaba con personas de
todas las tendencias ideológicas y políticas. Varias veces,
por ejemplo, interactué con una conocida periodista, más
tarde parlamentaria, de tendencias de izquierda llamada
Sigrid Bazán. Ella era lo que se le denomina en aquel país,
una "caviar", es decir, persona de alto nivel económico y
cultural con tendencias de izquierda. Ella me entrevistó
en varias ocasiones, y cubrí en su programa algunos de
los pasos de la visita del Papa al Perú. Curiosamente, era
un programa de un canal comunista de aquel maravilloso
país.

No faltaron tampoco las invitaciones a participar en
canales católicos de aquel país. Con frecuencia tuve la
oportunidad de acudir a uno llamado *Jn 19* y, sobre todo,
a *PAX TV*, donde realmente estaba como en casa. Me in-
vitaban con frecuencia, y era bonito, porque ambos tenían
en el canal una capilla donde el Santísimo estaba perma-
nentemente expuesto, de forma que se facilitaba hacer un
rato de oración antes del programa pidiendo por los frutos
del mismo.

La visita del Papa Francisco fue especial, no sólo porque me permitió participar en distintos foros televisivos,
ya sea preparando la visita, comentándola o haciendo un

balance de la misma. Fueron varios los sets de producción que pude conocer, de las diferentes cadenas peruanas, todas ávidas de noticias e informaciones sobre el "Papa". De hecho, yéndome un poco atrás, la elección de Francisco me agarró comentando el cónclave y adelantando posibles candidatos a Papa, en el canal de televisión católica *Jn 19*. Mientras estábamos comentando el cónclave salió la "fumata blanca" y en esa sede recibí la primera bendición papal. A partir de ahí he tenido la oportunidad de comentar su pontificado, sus gestos y sus escritos. Mientras estaba en el Perú lo hice frecuentemente en programas de radio y de televisión. Al volver a México ha sido, sobre todo, por escrito, en diferentes artículos publicados en periódicos y portales de México, Perú y España.

Varias veces me han pedido, en distintos foros académicos, una conferencia sobre el pensamiento de Francisco, sea sobre un tema en particular, como la homosexualidad, el matrimonio o la familia, como una visión de conjunto de su pensamiento y su acción. Ambos ejercicios han sino enormemente enriquecedores para mi alma y para mi vida, y espero que también hayan podido recibir luces los oyentes de mis disertaciones. Siempre han despertado, gracias a Dios, mucho interés.

LA AVENTURA DE LOS LIBROS

Ya he mencionado, como de pasada, más arriba, que publiqué –hasta ahora– cinco libros que en realidad son colecciones de artículos previamente publicados, debidamente organizados, con una buena introducción, o introducciones y un epílogo, para darle unidad al texto. Ahora me propongo detallar un poco más este empeño.

El primero de mis libros fue *Poder, Dinero y Santidad*, aparecido en el 2012, en Lima, con el patrocinio de Rafael López Aliaga y la imprenta de Julio Calixtro. Recogían una serie de artículos sobre Doctrina Social de la Iglesia, principalmente comentando la carta Encíclica de Benedicto XVI *Caritas in veritate* (29-VI-2009). Fue un libro pequeño, de apenas 119 páginas, cuya portada diseñada por mi amigo el diseñador Elías Velásquez Niño, despertó ciertas polémicas. Rápidamente se agotó la edición, y me di por bien pagado cuando una persona llegó a conversar conmigo sobre el libro, mismo que había conseguido en "Amazonas", el paraíso peruano de la piratería. Si había llegado hasta ese lugar tan popular, había llegado al pueblo y había cumplido su cometido.

Al año siguiente apareció *Dios busca al hombre*, un libro que recoge las ponencias de un congreso celebrado en Lima durante "el Año de la Fe" proclamado por Benedicto XVI. En la obra conjunta participamos Monseñor Javier del Río Alva, arzobispo de Arequipa, Antonio Aranda Lomeña, teólogo consagrado, Javier Sánchez Cañizares, director del *Grupo Interdisciplinar Ciencia, Razón y Fe*, de la Universidad de Navarra y yo. Como se puede ver me habían colocado al lado de puro gigante, pero disfruté mucho la redacción del texto, así como mi intervención en el *Curso Internacional de Actualización Teológica*.

El tercer libro ya fue un poco más serio. Me lo publicó el Fondo Editorial de la Universidad Católica *Sedes Sapientiae*, lo presenté en la *Feria Internacional del Libro de Lima*, 2015. Puedo decir que la presentación fue uno de los momentos más felices de mi vida. El auditorio de la *FIL* estaba abarrotado, asistió todo tipo de público, desde amigos hasta *haters*. La génesis del libro es particularmente entrañable: A diferencia de México, en Perú no hubo Guerra de Reforma, por lo que todavía quedan vestigios "del Antiguo Régimen", y no se ha consolidado de manera definitiva y contundente la separación entre la Iglesia y el Estado. Una muestra de ello es que celebran el día de su Independencia con una Misa solemne, a la que asisten todos los estamentos del poder político: presidente, Cámara de Diputados y Poder Judicial. Otra, menos anecdótica y más eficaz, es que en los colegios públicos se imparten clases de religión, a no ser que los papás de los niños pidan expresamente que se les dispense de ese curso.

Pero mi sorpresa era mayúscula al ver cómo muchos niños que habían tomado clases de religión durante los 11 años de la escuela primaria y secundaria, perdían la fe al entrar en la universidad, muchas veces por considerar que las enseñanzas de la Iglesia eran incompatibles con los avances científicos. Es obvio que no es así, pero, como decía san Josemaría: "la ignorancia es el mayor enemigo de Dios en el mundo". Así que me propuse escribir un libro en donde quedara de manifiesto cómo esa postura es infundada, mostrando la compatibilidad de las enseñanzas de la Iglesia en general y de la Biblia en particular, con la *Teoría de la Evolución* y el *Big bang*, que eran los conocimientos que algunos chicos juzgaban incompatibles con la fe, animados por sus ignorantes profesores.

Curiosamente el libro tuvo particular eco entre lectores ateos, quizá porque habían derivado en el ateísmo por esas lagunas. Hice cuatro presentaciones del libro, y a las cuatro asistió un ateo militante, llamado Iván Zubieta, para rebatirme. En la presentación del libro en la *Feria Internacional del Libro*, Lima 2015, conocí a Manuel Abrahám Paz y Miño, fundador y primer presidente de la Asociación Peruana de Ateos (APERAT), el cual me organizó una encerrona, para presentar mi libro en la Universidad Nacional Mayor de San Marcos (el equivalente a la UNAM en el Perú). En realidad, a mi "presentación" fueron muchos ateos para rebatirme. Me acordé de aquello de la Escritura, de "yo os daré una elocuencia y una sabiduría a la que no podrán resistir ni contradecir todos vuestros adversarios" (*Lucas* 21, 15, cfr. *Lucas* 12, 11-12). Hice lo que pude en aquella ocasión. A pesar de la encerrona con mala fe, me hice muy buen amigo de Manuel Abrahám, quien había conocido, por ejemplo, a Anthony

Flew cuando era ateo. Era un ateo a la antigüita, es decir, de los trasnochados que quedaban, hijos del comunismo.

El libro me brindó la ocasión de entablar un debate con los ateos peruanos que ya no terminó. Todo el resto de mi estancia en el Perú tuve muy presente a APERAT y sus miembros. Me enzarcé en un debate con Manuel Abraham Paz y Miño en la Universidad Nacional Mayor de San Marcos sobre si Dios existe o no. Una reseña del debate fue publicada como primer número de los Suplementos Académicos del Fondo Editorial de la Universidad Católica *Sedes Sapientiae*[1]. Más tarde tuve ocasión de debatir, en la misma sede, con Henry Llanos Chillet, actual –en ese momento y al redactar estas líneas– presidente de APERAT, sobre si la Iglesia estaba o no peleada con la ciencia. Henry, además de ateo, es gay activista. Con él se estableció una buena amistad –íbamos a comer con frecuencia– a pesar de tener visiones del mundo totalmente opuestas. Una de sus campañas institucionales, como presidente de APERAT, era conseguir que más niños se exoneraran de las clases de religión en los colegios públicos.

Volviendo al libro, con la experiencia de las diversas presentaciones, con el infaltable Iván Zubieta, así como el enriquecimiento que me proporcionaron los diversos

---

1. ARROYO Martínez Fabre, Mario Salvador, *¿Existe Dios?*, Suplementos Académicos del Fondo Editorial UCSS, Lima 2015, pp.8. En https://www.ucss.edu.pe/images/fondo–editorial/pdf/suplementos_academicos/mario–arroyo–existe–dios.pdf Revisado el 20-04-2024.

debates, publiqué mi cuarto libro: *Ciencia y Fe: Situación Actual*. Lo publicó la Facultad de Teología Pontificia y Civil de Lima, Lima 2016. En este breve texto, de apenas 112 páginas, respondía a los cuestionamientos que a lo largo del año anterior me habían hecho ateos en debates y presentaciones. Para mí fue como una catarsis y, a la vez, una forma de plasmar cómo pueden enriquecerte y hacerte pensar las opiniones divergentes.

Volviendo a los debates, en una ocasión tuve la oportunidad de "meterme en la boca del lobo". Fui a "la guarida de los ateos", el lugar donde se reunían ateos de las diferentes generaciones: desde los marxistas sesenteros y setenteros, a los seguidores del Nuevo Ateísmo en nuestro siglo. El lugar se conoce como "El Búho Rojo", y fui invitado por Iván Zubieta, con el que entablé una curiosa amistad que compaginaba el amor y el odio. En persona éramos muy amigos, en las redes sociales nos enzarzábamos en discusiones a muerte. A todos los ateos les sorprendió –no a todos gratamente– que un sacerdote vestido como tal participara de su reunión. Fruto de esa aventura publiqué un artículo en *Lucidez.pe*, titulado: *El Búho Rojo y la Semana Santa*. El motivo es que, para reafirmar su ateísmo, tenían una especie de ritual ateo: organizar una parrillada el Viernes Santo.

También me enzarcé en un tenso debate con un ateo gay biólogo, sobre la Iglesia y los homosexuales. Este fue el único debate incómodo, pues mi contrincante era furibundamente agresivo, cerrado al diálogo, y no respetaba los tiempos del debate, de modo que interrumpía continuamente en la réplica del adversario –o sea, yo–. Ciertamente aprovechó la limitación del moderador, de modo que no tuve oportunidad de expresar cabalmente mi argumentación. Pero el esfuerzo no fue vano, y de ahí salió mi quinto libro: *La Iglesia y los Homosexuales. Un falso conflicto*, publicado también, en el 2017, por la Facultad de Teología Pontificia y Civil de Lima. También se trataba de un libro breve, de 157 páginas, pero que abordaba un tema álgido, delicado, que despertó mucho interés. En varias ocasiones fui invitado a diversas universidades o a programas de radio y televisión para hablar del asunto.

En esos intercambios, casi siempre resultaba notablemente enriquecido, porque dejabas de tratar teóricamente un tema, para palparlo en carne viva. Así, después de una conferencia en la Universidad Católica *Sedes Sapientiae*, me abordó un chico compungido porque su hermana se vestía como hombre y se sentía hombre. Otro chico me comentó que su hermana era lesbiana y por ese motivo la habían removido en la parroquia de su labor como catequista, hasta el punto de que sus padres querían demandar al párroco por discriminación. En fin, las situaciones vitales se vuelven a un tiempo complejas y cercanas, por lo que resulta imprescindible tratar el tema con extrema delicadeza, finura y comprensión.

En ese momento, abandoné mi capellanía de los dos colegios, el Humtec y el Miravalles en Comas, y pasé a ser capellán de la Universidad de Piura, campus Lima, en el hermoso y cosmopolita barrio de Miraflores. Los cursos 2017 y 2018 dicté clases de Teología en la misma universidad, manteniendo un contacto especialmente estrecho con mis alumnos de Derecho y de Medicina. A un grupo de Medicina le impartí dos asignaturas, al de Derecho tres (en aquella época los abogados llevaban tres materias de Teología). El contacto se hizo muy intenso y al calor de esa relación nació *Teología para Millennialls*, que comenzó siendo un blog, luego un conjunto de charlas semanales informales, donde discutíamos de Teología y temas de actualidad mientras comíamos. Finalmente, todo ello cristalizó en un libro, que publiqué al final de mi estancia en el Perú, en diciembre de 2018.

*Teología para Millennials* nació al final de un semestre en esa universidad. Una chica, estudiante de derecho me abordó, ya finalizado el curso, para presentarme toda una batería de preguntas. Se las respondí lo mejor que pude, pero luego pensé que esas inquietudes podían tenerlas muchos otros chicos, pues su caso de algún modo era típico: practicaba su fe en su colegio, lo último que hizo en ese ámbito por voluntad propia fue confirmarse, al entrar en la universidad –y eso que se trataba de una universidad de inspiración católica– abandonó la práctica religiosa. Así, convertí sus preguntas en artículos, los cuales colgué en un blog, que me montó una comunicóloga de la universidad, a quien debe mucho el arranque de este proyecto, Majo Salazar de Hidalgo.

Quizá el fruto más hermoso, tanto de mis clases de teología en la universidad, como de mi reunión teológica semanal para almorzar, denominada *Teología para Millennials*, fue la decisión de un chico, Carlos Palomino, estudiante de medicina, de bautizarse y abrazar la fe católica. No fue el único fruto, otro de los participantes decidió entregar su vida a Dios al calor de las charlas semanales de *Teología para Millennials*. En fin, no se puede medir todo el impacto que gracias a Dios tuvieron esas reuniones en el seno de la universidad.

Con el paso del tiempo, se fueron agregando más preguntas de alumnos, principalmente de Medicina y Derecho, que eran los que mostraban más interés en la materia. Además, comenzaron a invitarme a dar sesiones en un colegio femenino, el *Salcantay*, a niñas de bachillerato. También ellas me plantearon toda una batería de preguntas. Con las preguntas de las bachilleres y los universitarios, además de darle cuerpo al blog, finalmente compilé el libro: *Teología para Millennials*, que terminé de redactar en Chaclacayo, Perú, el 12 de diciembre de 2018, pero no publiqué sino hasta finales del mismo mes, ya en México. El libro ha recibido muy buena crítica como texto de carácter apologético.

Al volver a México, comencé a desempeñar mi labor como profesor en la Universidad Panamericana de Mixcoac, Ciudad de México. Debo decir que nadie es profeta en su tierra. No tuve el mismo impacto que tenía en Lima, ni el mismo enganche con los alumnos, si hacemos una excepción con los de Medicina y Filosofía, con quienes, mientras les impartí clases, hubo buen entendimiento. La razón también estriba en el modo de organizarse de las dos universidades. En el Perú los alumnos tomaban clase en su mismo grupo, el cual permanecía estable a lo largo de los años. En México el sistema es por créditos y las asignaturas de Teología pertenecen al grupo de las Humanidades, de forma que –excepto Filosofía y Medicina– a las clases asisten alumnos de diferentes carreras, que no suelen volver a estar juntos en la misma clase. No se genera así ambiente de grupo.

Pero también los alumnos mexicanos –más secularizados, en líneas generales, que los peruanos– hacían buenas preguntas, lo que me permitió seguir alimentando mi blog y, con el tiempo, publicar otro libro, el octavo: "Teología para *Centennials*". La historia de la publicación no deja de ser curiosa, porque salió sin mí: Además de publicar mis artículos en mi *blog*, lo hacía en diferentes portales del Perú (*Crónica Viva, Lucidez, La Abeja*), México (*Spes, Vox Fides*) y España (*Exaudi*). Pues resulta que al director de *Exaudi*, así como al cardenal Felipe Arizmendi le gustaban mucho mis textos, y habló con el director de una editorial española (*Biblioteca On-Line*) que gustosamente publicó en un libro –*Teología para Centennials*– los artículos que había colgado en *Exaudi*, los mismos que formaban parte de mi *blog*.

El lector avezado habrá notado que salté rápidamente del 6º al 8º libro. En efecto, el séptimo se llama *Neurona mata espíritu*, en el que hago un intento de sumergirme en el mundo de la neurociencia y de la filosofía de la mente, para rescatar la noción del alma y con ella la espiritualidad humana y, más ampliamente, la dimensión espiritual de la realidad, entre la que se encuentra, nada más y nada menos, que Dios. Este libro fue fruto del diálogo con ateos, en concreto con mi amigo Henry Llanos Chillet. Visto que la supuesta oposición entre Creación y *Big bang* o Evolución se debe exclusivamente a mal entendidos o a un imperfecto conocimiento, sea de la física, la biología o la teología, quedaban pocos reductos al "ateísmo científico". Su último espacio, o su santuario de moda, es el *mainstream* de la neurociencia contemporánea que, de un plumazo, ha declarado obsoleta la noción de alma, y ha pontificado que, en realidad, no somos otra cosa que cerebros con patas. *Neurona mata espíritu*, salido al final del 2018 en México, intenta mostrar que no es así o, por lo menos, que no es necesariamente así. Lamentablemente, no hice una adecuada labor de difusión, por lo que el texto permanece ahora desconocido hasta cierto punto.

Aquí hubo unos años de "vacas flacas" que coincidieron, más o menos, con la pandemia. Sin embargo, no dejé de escribir, al contrario, en ese periodo, pues de algún modo tenía más tiempo para hacerlo. Así, en 2022 salió mi noveno libro: *Distopía. La fe en polémica con la cultura*, publicado por la editorial NUN y la Universidad Panamericana. Ahí trato, fundamentalmente de muchos de los temas álgidos y polémicos, que se debaten en la actualidad: aborto, feminismo, eutanasia, género, etc., y donde la Iglesia está presentando una extenuante batalla cultural. Como en otras ocasiones, se trata de una colección de artículos que previamente aparecieron en mi *blog*, en varios periódicos, entre ellos "Mural" de Guadalajara (el más prestigioso de los diarios donde habitualmente publicaba), y en diversos portales de Perú, España y México.

Finalmente llegó el año 2024 –año en que escribo estas líneas– donde, gracias al apoyo de un buen amigo –Fernando Galindo Cruz–, que me puso en contacto con las personas adecuadas, pude publicar tres libros, dos en EUNSA y uno en *Biblioteca On-Line*. Primero apareció *Vivir cristianamente es razonable*, publicado por EUNSA, donde puse por escrito el contenido de las asignaturas de Antropología Teológica I y II, que impartí durante seis años, dos en el Perú en la Universidad de Piura, y cuatro en México, en la Universidad Panamericana. Modestia aparte, había tenido muy buena recepción el curso que había elaborado personalmente para esas asignaturas –tenía libertad de ofrecer mi propio temario–, y consideré que valía la pena comunicar el contenido a otros jóvenes, y menos jóvenes. Por ironías de la vida, el libro salió a la venta justo un semestre después de que se unificaran los temarios de Teología en la Universidad Panamericana, de manera que ya no gozo de libertad para dar mi propio temario, y no puedo usar mi libro como texto de la asignatura. ¡Lástima!, pues se me escapó la posibilidad de hacerme rico con la venta de mis libros a los alumnos.

El segundo libro en salir durante el 2024 fue publicado por *Biblioteca On-Line* con el pretencioso título de *Profecía, Iglesia y Mundo*. También se trata de una colección de artículos. Finalmente apareció *Teología de la Tecnología*, sin duda el más novedoso de los tres, que aborda el delicado tema de cómo enfrenta la Teología en general y la Iglesia en particular, el trepidante progreso tecnológico-científico que estamos viviendo. ¿Qué le aporta la teología a la época del Chat GPT, los drones y los robots? Eso pretende dilucidar el libro: cómo la teología se enriquece con el desarrollo científico-tecnológico, y cómo este último puede ser orientado, comprendido y significado a través de la teología.

Hasta aquí el recorrido por mis primeros doce libros. Espero que el que ahora tienes entre manos, querido lector, sea el decimotercero, y que no desmerezca de los anteriores[2].

2. En realidad, será el decimocuarto. Escribí simultáneamente este texto y un libro sobre la Virgen de Guadalupe titulado: *Polémica Guadalupana*, que finalmente salió publicado antes.

# Atención de enfermos

Una de las páginas más hermosas del ministerio sacerdotal la constituye el contacto con el dolor, con el sufrimiento, concretado en la pastoral con enfermos y ancianos. Es lugar común afirmar que el mayor beneficiado en esos casos no es el enfermo o el anciano, sino la persona que los atiende. Puedo afirmar, sin temor a equivocarme, que así ha sido en mi experiencia. Pienso, en ese sentido, que la cátedra más valiosa que he recibido a lo largo de mi vida, me la impartió un sacerdote anciano y enfermo de demencia senil, don Chema Báscones, que me tocó atender a lo largo de su último año de vida.

¿Qué significa atenderlo? Impartirle diariamente la comunión en su cama, con todos los preparativos que ello conlleva, darle de comer en la boca, cambiarle el pañal con frecuencia, de vez en cuando asearlo, sacarlo al jardín de la casa para que tomara el sol, o llevarlo a pasear. Y luego disfrutar de sus ocurrencias, propias de una demencia senil muy simpática. Transcribo, algunas de ellas, no todas; curiosamente las más simpáticas son también "picantes" y no son susceptibles de ser publicadas.

Al llegar del colegio me acerco a su cuarto y le pregunto: don Chema, ¿qué hizo en la mañana? "Conversar con mil obispos chinos". En otra ocasión llego a su cuarto y me pregunta a quemarropa: –"¿Qué hacen ahí esas niñas mal vestidas?" –"¿Dónde don Chema?–, le pregunto, mirando hacia el interior de la habitación. –"¡No las mires!" –me responde. En otra ocasión me pide amablemente que saque a los leones que hay en su habitación. O como aquel domingo, donde todos en la casa nos despertamos a las cinco de la mañana con sus gritos: "Bienvenidos al Opus Dei. ¡Perseveren!" Gritos que repitió constantemente durante dos horas.

Todos los que convivimos con él, en el centro de la Obra de Culiacán, consideramos que fue mucho lo que nos dejó don Chema antes de partir. Y comprendimos, de una manera vívida, cómo Dios se sirvió de él, incluso cuando ya no era plenamente consciente, para humanizarnos a todos, para ayudarnos a salir de nuestra zona de confort y nuestro individualismo y, sobre todo, para que pudiéramos vivir la caridad de forma constante en la vida ordinaria. Comprendimos así, por la vía de la experiencia, cómo una vida que con criterios mundanos ya no vale, pues no resulta útil aparentemente, puede en realidad ser muy fecunda.

Otra atención curiosa a enfermos, consistió en la celebración de matrimonios *in extremis* (es decir, en los últimos momentos de la vida de uno de los cónyuges). Me sucedió en dos ocasiones y casi en una tercera. El primer caso se trataba del papá de un chico del Colegio *Humtec*, en Comas. Tenía un cáncer terminal, los médicos le dijeron que le quedaban pocas semanas de vida. Fue entonces cuando quiso casarse religiosamente. Ya no recuerdo si estaba casado sólo por el civil o simplemente eran convivientes. El caso es que tenían ya muchos años juntos, el hijo mayor tenía 15 años y, gracias a Dios, se querían. Así que celebré la ceremonia del matrimonio sin misa, en su habitación, únicamente acompañaban a la pareja sus tres hijos y cuatro testigos. Quince días más tarde falleció el esposo. Digamos que quería estar completamente seguro de poderse comprometer "hasta que la muerte los separe".

Otro caso semejante fue el de otro matrimonio en Lima. Llevaban ya muchos años juntos, de hecho, eran abuelos. Pero el señor nunca había querido casarse. Sin embargo, cuando los doctores le dijeron que ya le quedaba poco tiempo de vida a su mujer, se le ablandó el corazón y aceptó. Ya no había problema en comprometerse "hasta que la muerte los separe", porque la muerte parecía estar muy cerca. En este caso los casé en la habitación de un hospital público, ni siquiera era privada, había otros enfermos que, junto con un grupito de enfermeras, fungieron como testigos. Estando en esas circunstancias extremas, se dieron el sí, y regularizaron, cara a Dios, toda una vida matrimonial irregular. Pero Dios a veces es bromista y, en este caso, le dio, para sorpresa de los médicos, un "segundo aíre" a su mujer, o será que la alegría de verse por fin casada con todas las de la ley le devolvió los deseos de vivir. El caso es que mejoró notablemente, contra todo pronóstico, y salió del hospital por su propio pie, ya hecha toda una señora casada.

El matrimonio que, finalmente no pudo realizarse, me sucedió mientras iba a visitar a un enfermo grave en un hospital público de la zona del Callao en Lima, Perú. Iba a ver a un amigo, que estaba enfermo, con un cáncer terminal y, en eso, una señora se me acerca y me dice si la puedo casar con su pareja que estaba muy enferma. Le dije que con mucho gusto. Me llevó a ver a su pareja, pero ¡estaba inconsciente! Ante esa situación, le explico con todo el tacto que puedo a la buena señora que no los puedo casar si su pareja no está consciente. Tiene que expresar de alguna forma, aunque sea muy elemental, su deseo de casarse. Ella me dice con sencillez: "sí quiere, si ya llevamos más de cuarenta años juntos". Sin embargo, a pesar de la insistencia de aquella buena mujer, no accedí, lógicamente, a casarlos pues no era posible en esas circunstancias.

En esta atención a enfermos hay algunos que "te pegan más" que otros. Sea por lo duro de la enfermedad, por lo difícil del proceso o, simplemente, porque con anterioridad te unen lazos afectivos con ellos. Ese fue el caso de un papá del colegio de niñas Miravalles, también de Comas. Era un buen amigo, que participaba en los retiros que organizaba para papás e invitaba gente y que, además, se había arruinado por ser honesto. Su empresa le pidió que tuviera una conducta corrupta, se negó, fue despedido y con el dinero con que lo liquidaron puso un negocio que no funcionó. Tenía dos trabajos y no descansaba los fines de semana para ganar el dinero suficiente y poder tener a sus hijas en el Colegio de la Obra de Comas, el Miravalles. Estando en esas enfermó de cáncer. Su proceso fue muy veloz. Lo iba a visitar con frecuencia al hospital público ubicado en el Callao, donde se encontraba en una habitación con muchos enfermos. Me partió el corazón la última vez que lo fui a ver, un día antes de fallecer, estaba gritando de dolor en la habitación sin que pudieran hacerlo callar ni mitigar el sufrimiento. En esas condiciones le impartí, por última vez, la unción de los enfermos.

También me golpeó mucho la atención de una mamá del colegio –tanto del de niños como del de niñas– que enfermó de cáncer. Iba a dejar a varios niños huérfanos, pequeños, lo que volvía especialmente doloroso su caso. Además, no era católica, era evangélica. Como tantas personas en Latinoamérica, había sido bautizada católica, pero con el tiempo fue seducida por la atracción de las sectas evangélicas, y abrazó con entusiasmo su nueva religión. Debo confesar que en mi empeño por atenderla –la visitaba semanalmente en el hospital– influyó mucho el deseo de que ella, al final de su vida, recuperara la fe católica. Lamentablemente no fue así, pero como fue una mujer ejemplar, que llevó con mucha fe su dolorosa enfermedad, no dudo de que Dios le haya abierto las puertas del Cielo.

Otro caso curioso de "pastoral extrema" fue cuando me pidieron bautizar a unos gemelitos seismesinos en un hospital limeño. En este caso se trataba de un hospital privado y la diferencia es como de la tierra al cielo. Estaban incomunicados, en una zona en la que únicamente entraban dos enfermeras que eran como unos ángeles de delicadeza. Los niños estaban pequeñísimos, ninguno llegaba a los 2 kg, pesaban aproximadamente 1.5 cada uno de ellos, y eran seres humanos perfectamente formados. Pasé a bautizarlos, cubriéndome previamente con una especie de "traje de astronauta" y habiendo sido previamente "fumigado" para no contagiar nada. Los bauticé con un gotero de agua. Luego pasé los datos a la Parroquia de san Josemaría en Lima donde quedaron registrados. Felizmente sobrevivieron y más tarde fueron a la parroquia para completar el rito del bautismo.

Una práctica particularmente benéfica y formativa para los jóvenes de bachillerato y universidad es visitar a los enfermos. En Guadalajara, México, teníamos un lugar ideal para hacerlo: el *Hospital Civil*, donde caían las personas sin recursos que además carecían de Seguro Social, es decir, los más pobres de los pobres. El espectáculo era sobrecogedor: un galerón, con dos hileras de camas, separadas más o menos por un metro de distancia o poco más. Eran dos galerones, uno para hombres y otro para mujeres. Solía visitar con los chicos el de hombres con alguna frecuencia, lo que nos permitía mantener una cierta comunicación con los enfermos que llevaban ahí mucho tiempo.

De aquellas andanzas me vienen dos recuerdos especialmente vivos que, una vez más, te hacen valorar mucho lo que tienes. El primer caso es el de un paciente al que le habían tenido que quitar el estómago y habilitar una parte de intestino como estómago —si es que entendí bien la explicación que el mismo enfermo me brindó—. Por ese motivo estuvo mucho tiempo en el hospital, de forma que pudimos visitarlo unas tres o cuatro veces. La mayor parte del tiempo se alimentaba a través de una sonda. La última vez, sin embargo, nos dijo que ya podía tomar dulces, los cuales se deshacían en su boca y podía tragar el juguito que se producía. Era lo único que podía comer, pero lo podía saborear —lógicamente, con la sonda no saboreaba nada—. Le llevamos entonces dulces, y ver su cara de felicidad producida por unos míseros dulces nos ayudó a todos —a los chicos y a mí— a darnos cuenta de que teníamos mucho que agradecer a Dios. Fue tan reconfortante ver el gozo de aquel pobre enfermo que, todos sentimos, que casi sin darnos cuenta, habíamos hecho algo que en realidad vale la pena.

Otro caso fue semejante y bastante curioso. Se trataba de un señor, que debía ser esquizofrénico, pues nos contaba que escuchaba voces, las cuales le decían que debía lanzarse por la barranca de Huentitan, cercana a la ciudad de Guadalajara. Las voces eran muy insistentes, de manera que lo tenían obsesionado y no le dejaban dormir. De hecho, él le preguntó a "las voces" cuándo lo iban a dejar en paz. Le respondieron: "cuando te tires de la barranca". Finalmente, desesperado, se lanzó por la barranca. El primer milagro es que no se hubiera muerto, el segundo que lo encontraran con vida unos dos días después de haberse lanzado, y el tercero es que se hubiera podido recuperar, pues se rompió más de cincuenta huesos (felizmente no quedó paralítico). Pero claro, su proceso de recuperación fue muy largo, de forma que pudimos trabar una buena amistad con él. Nos ayudó a darnos cuenta de que teníamos que agradecer a Dios el gozar de salud mental.

A veces no resultaba fácil para los chicos visitar enfermos, especialmente cuando veíamos niños con cáncer o, sobre todo, niños quemados. Era realmente un espectáculo desolador, sobre todo al descubrir que había sido por negligencia o ignorancia de sus padres o, frecuentemente, de la madre soltera. En una de esas ocasiones, por ejemplo, uno de los chicos, particularmente virtuoso, no lo soportó más y volvió el estómago. El golpe con la abrupta realidad de la vida resultaba particularmente duro.

Otra pastoral muy hermosa, que Dios me ha permitido protagonizar, es la pastoral de niños huérfanos. Gracias a una asociación de monjas llamada PAIPID, cuyo carisma es atender a enfermos de SIDA, pude entrar en contacto con un orfelinato que ellas tenían en las afueras de Guadalajara. En él vivían alrededor de 80 niños huérfanos, cuyos padres habían fallecido de SIDA. Había, además, un hospital donde tenían internados a enfermos de SIDA y también a niños contagiados de SIDA por sus padres. Este segundo sólo lo visité en una ocasión, en cambio al primero solía ir todas las semanas. Para mí suponía una auténtica recarga de batería, me ayudaba a cargar "las pilas espirituales". Tenía además dos acompañantes incondicionales: Víctor Manuel y Herbert, a los que más tarde se unió Edgar, que con el tiempo se haría un famoso *influencer*, "Numerario de Barrio". Otros chicos nos acompañaban, pero no solían ser constantes. A la gente, en general, le cuesta trabajo "sacrificar" su tarde del viernes, pero nosotros lo veíamos, en realidad, como una inversión.

Resultaba muy motivante ir porque el lugar era bastante pobre. Por ejemplo, no tenían regaderas –duchas en España–, de manera que bañaban a los niños a *mangueraso* limpio en el jardín. Podría parecer anecdótico, pero en enero y febrero hacía mucho frío. Los niños lo tomaban como un juego y en realidad lo era. En cualquier caso, asombraba ver cómo los niños eran felices con muy poco. Lo único que sí tenía el albergue era espacio, campo. Las instalaciones eran muy pobres, incluso la capilla, donde tuve la alegría de celebrar varias veces la Santa Misa. Pero el jardín era amplio y feraz. Recuerdo a un niño que jugaba a capturar abejas, y una vez capturadas, les quitaba el aguijón y las alas a las pobres. Y lo hacía con toda la seriedad del mundo. Nosotros éramos muy queridos por ellos, simplemente por traer un balón de fútbol y jugar con ellos, previa lección de catequesis.

Tenía un amigo, con medios económicos, pues era el dueño de un despacho contable, llamado Santos. Él solía hacer una labor social con sus amigos por Navidad. Había uno que se resistía a colaborar, hasta que, finalmente accedió el mismo 24 de diciembre. Santos fue, a sugerencia mía, a PAIPID. Visitaron a los niños, llevaron algunos juguetes. Como lo más natural le preguntó a la madre superiora qué iban a cenar en la noche. Le contestó con sencillez que no tenían nada especial, si acaso unas galletas con cereal. Se le reblandeció el corazón al amigo de Santos, el cual le dijo a la superiora que él patrocinaba pollos para los 80 niños. La superiora estaba feliz, aunque era su forma normal de proceder: era muy providencialista, estaba convencida, porque lo había vivido por años, de que Dios siempre provee. Al día siguiente, el amigo de Santos le habló a Santos para contarle que "era la primera Navidad en la que no se le había atragantado el pavo de la cena, porque era la primera vez que había hecho algo que valía la pena". ¡Le habló para agradecerle la invitación a ayudar!

La de PAIPID fue una grata experiencia, no sólo por los niños –te llenaba el alma ayudarlos y hacerles pasar un rato amable–, sino también por el heroico ejemplo de las monjas. Personas que siempre se veían alegres, siempre sirviendo y con una fe y una confianza en Dios tangibles, con un abandono habitual en la Providencia divina. Mucho se podía aprender de ellas.

Las vidas y las historias de los enfermos con frecuencia te golpean, te hacen pensar. No es solamente la consideración de que uno no soportaría estar en esas circunstancias, cuando se hace el esfuerzo mental por "meterse en sus zapatos". Sino que es resultado de la taladrante pregunta: "¿por qué?, ¿por qué a él o ella?, ¿por qué así? Preguntas que no tienen respuesta, pero que sacuden la conciencia y hieren el corazón. Nos encontramos de frente a uno de los enigmas más profundos de la condición humana; y el sacerdote es testigo privilegiado de ese enigma, pues con frecuencia se enfrenta a esas situaciones límites.

Una de las últimas experiencias límites que he tenido al respecto, es decir, de enfrentarme al enigma del dolor y del sufrimiento, descubriendo a través de él la grandeza humana, tanto del enfermo como de quien lo cuida, la tuve hace pocos años con mi amigo David Méndez Torres. En realidad, fue mi profesor, subdirector de la escuela preparatoria donde estudiaba, y últimamente habíamos sido de alguna forma colegas, pues estábamos organizando los 50 años de esa escuela preparatoria. Él me invitó a concelebrar la Misa conmemorativa de los 50 años de la preparatoria de la Universidad Panamericana, en la Ciudad de México. La Misa, que iba a celebrarse en la Basílica de Guadalupe nunca se realizó, pues se atravesó de por medio la pandemia. Todos tuvimos que cambiar de planes.

En ese contexto, David, que se estaba jubilando de su trabajo en la preparatoria se fue a vivir a la ciudad de León, Guanajuato, México. Desde ahí, muy rápidamente, organizó el rezo del rosario en familia virtual con exalumnos de la escuela preparatoria. Como era muy querido y conocido, muchas familias se sumaron a esa piadosa iniciativa en medio del temor generalizado ante la pandemia. Pero poco le duró el gusto a David. A los pocos meses de haber comenzado el rezo del rosario diario virtual en familia, tuvo un evento cardiovascular, una venita se le rompió en el cerebro, quedó gravemente disminuido de sus capacidades físicas, que no mentales, a decir de su esposa. Se daba cuenta de lo que pasaba –y eso es lo más duro–, pero vivía como un vegetal, respirando a través de una traqueostomía, después de sufrir severas intervenciones en el cerebro. Quien en vida fuera, en verdad, muy gordo, ahora era un palillo.

En ese contexto, varias veces fui a visitarlo. Le solía llevar los santos óleos, darle la absolución bajo condición, acompañarlo un rato, conversar con su esposa. Alguna vez llevé a un condiscípulo mío que también había sido su alumno –mi amigo Alfredo Domínguez–, quien quedó hondamente impactado por su penosa estampa.

Había un elemento particularmente simbólico en su convalecencia. Su habitación estaba en el segundo piso de su casa, se subía por unas escaleras. El muro de su habitación, que daba hacia esas escaleras, estaba adornado con multitud de piadosas y artísticas cruces. Pero dentro de la habitación estaba David, que parecía debido a su postración, un crucifijo viviente. De hecho, su esposa llevaba toda esa difícil situación con una profunda visión sobrenatural. Entendía que, de una misteriosa, pero real forma, casi mística, Dios los estaba bendiciendo con su cruz. Siempre que iba a visitarlo la visión sobrenatural de aquella buena mujer abofeteaba a mi visión más humana y terrenal, apegada a los cánones de este mundo. Me servía de revulsivo espiritual, tanto el ver a David postrado en cama, como la buena actitud de su mujer ante la desgracia. El dolor así llevado se transformaba en bendición para ellos, y en alimento espiritual para mí.

## ATENCIÓN A ANCIANOS

Otra forma de caridad, de la que me he beneficiado con frecuencia en el ejercicio de mi ministerio sacerdotal, es la atención de los ancianos. En mis últimos años en el Perú me hice "especialista en ancianos", pues había un grupo de tres que visitaba cada semana y, ocasionalmente, me tocaba llevar la comunión y confesar a un grupo más grande de ellos, una mañana a la semana.

Lo malo de mis ancianitos, es que se me iban muriendo. Pero era muy aleccionador acompañarlos en la última etapa de su vida, porque de alguna forma, a través de ellos, aprendías lo que en verdad es la vida, y adquirías criterio para discernir entre lo esencial e importante de lo accesorio y accidental. La mirada con la que se ve la vida al final de la existencia está impregnada de sabiduría; no es una teoría falaz o una moda pasajera, sino que tiene la solera que sólo el tiempo puede dar. Y esa sabiduría la comparten los ancianos a manos llenas, casi sin darse cuenta, sólo por el trato.

De mis tres viejitos originales, solo uno sobrevivió a mi estancia en el Perú. Durante casi cinco años nos mantuvimos en contacto virtual, a través de frecuentes llamadas por *whats app*, hasta que, finalmente, murió santamente. Varias de las personas que tuve la oportunidad de atender, me hicieron ver lo que es una vida santa y fecunda. No van a ser elevados a los altares, eran demasiado normales, pero pienso que tuvieron una vida santa. La teoría de que la santidad es para todos, la veías encarnada en el arco de su amplia vida, donde familia, trabajo y vida social estaban alineadas con el trato con Dios y la preocupación apostólica, el empeño en servir a los demás.

También valorabas la confianza que te tenían, sólo por el hecho de ser sacerdote. Me acuerdo que en el funeral de uno de ellos, me abordó su hija desconsolada, para preguntarme si su papá tenía sentimientos, si los quería pues, aunque nunca les faltó nada, era muy parco a la hora de mostrar afecto. Su hija solamente lo conocía por fuera, en la exterioridad era intachable, yo tenía el privilegio de conocerlo por dentro. Muchas veces he pensado en ese maravilloso privilegio de conocer a las personas por adentro, como realmente son, y le he agradecido a Dios la gracia del ministerio sacerdotal.

Mientras estuve en el Colegio *Humtec*, procuré promover visitas organizadas a dos sitios: Una escuela de niños especiales –autistas, minusválidos y con retraso mental–

que estaba en esa zona y donde estudiaba el hermano de uno de los profesores. Y, más selectivamente –no organizada institucionalmente, sino invitando solo a un selecto grupo de chicos de secundaria– a un asilo llamado San José, dirigido por monjas josefinas. El plan consistía en pasar un rato con ellos los viernes por la tarde. La actividad tenía su dosis de sacrificio pues, aunque estaba en la zona del colegio, no estaba cerca, sino, literalmente, en los límites de la ciudad, ya rodeada de campo. Se accedía por terracería. Luego, cada quien se buscaba su viejito o sus viejitos, con los que charlaba, cantaba, pintaba o bailaba. Había actividades para todos los gustos, incluso unos chicos jugaban y perdían al póker con un viejito muy avezado en esas lides.

También aquí se nos iban muriendo los ancianitos, lo que te daba pena, porque te encariñabas con ellos. Un caso particularmente doloroso fue el de una quechua parlante, una pobre mujer que no hablaba español, pero con la que nos entendíamos por señas, las cuales eran más que elocuentes: le daba mucha alegría cada vez que la visitábamos. Con el tiempo ella enfermó gravemente, pero no tenía Documento Nacional de Identidad (DNI), por lo que no podía ser ingresada en ninguna institución hospitalaria. Las pobres monjas hicieron todo lo que pudieron para atenderla en el asilo, pero no fue suficiente y falleció. A todos nos llenó de pena y de impotencia el ver cómo la burocracia triunfaba sobre la dignidad humana, porque, aunque no tuviera papeles, era un ser humano como todos, necesitada de compasión y ayuda.

A mi vuelta a la Ciudad de México, también por algunos meses, tuve la oportunidad de atender a ancianos y, sobre todo, ancianas, en sus casas. Era reconfortante ver la alegría que les daba verte, y descubrir que, para uno, ellas y ellos eran importantes. Veías cómo valoraban los sacramentos, en este caso sólo la confesión y, eventualmente, la unción de los enfermos. Acá no les llevaba la comunión.

La dedicación a los ancianos es fundamental en la sociedad y en la Iglesia, para no sucumbir a la "cultura del descarte" agudamente denunciada por el Papa Francisco. Ahora bien, la pastoral de los ancianos, tristemente, nos conduce a la de los velorios. De alguna forma tu labor terminaba –subrayo lo de "alguna forma", porque en realidad, después de muertos seguías pidiendo por ellos– cuando el interesado dejaba esta vida para enfrentar la eterna. Es verdad que, después de muertos, quedaba el piadoso deber de rezar por sus almas. En ocasiones "canonizamos" excesivamente rápido a las personas, cuando no tenemos ni idea de los criterios de los que se sirve Dios para purificar a las personas y dejarlas preparadas para Sí. Es bueno dar palabras de aliento y esperanza a los deudos, pero también remarcarles el deber que tienen de rezar por su difunto, para que se purifique lo más pronto posible y pueda alcanzar la meta del Cielo.

Los velorios, sin embargo, son muy fecundos para la vida espiritual del sacerdote. Ves la muerte, cara a cara, con mucha frecuencia e, inevitablemente, piensas que alguna vez, el que estará en el cajón serás tú. Paradójicamente, pensar en la muerte, no en general, sino en la propia, te ayuda a vivir más intensamente esta vida; a discernir –palabra clave– lo que realmente tiene valor en ella, lo que vale la pena. Y una de las cosas que valen la pena es acompañar a las personas a dar "el gran salto" a la otra vida, y a sus deudos a digerir el trago amargo. El contacto con el dolor y con la muerte, inevitablemente te ayuda a madurar y a crecer como persona. Además, los deudos quedan muy agradecidos, tanto por el empeño en acompañar a su difunto en los últimos momentos de su vida, como al darle su último adiós, sea en la tumba o en la urna, en el cementerio o en la funeraria.

De todas formas, en algunos casos uno siente que, efectivamente la persona que está velando fue santa, sea por la luminosidad de su vida, sea por la fecundidad de su labor. Esta impresión he tenido por lo menos en dos ocasiones, cuando me tocó velar a dos sacerdotes santos: don Vicente Pazos y don Luis Tegerizo, ambos en el Perú. Transcribo, a continuación, un artículo que escribí con ocasión de la muerte del primero:

MIRANDO EL ATAÚD. REFLEXIONES EN TORNO
A UN VELORIO

Como sacerdote, muchas veces debo vérmelas, cara a cara, con la muerte. En hospitales y casas, en ocasiones justo antes, otras justo después. Muchas veces acompañando a la persona para que asimile el hecho de que va a morir, otras consolando a los deudos que se duelen de una dolorosa pérdida.

La muerte acompaña muy frecuentemente la vida del sacerdote, y lógicamente, además de predicar las palabras del caso, además de aprovechar para orar pidiendo por difunto y deudos, meditando también sobre esta ineludible realidad, encontrarse con "La Parca" empuja a reflexionar, lo cual es bueno: uno nunca se acostumbra, ni al dolor ajeno, ni a la contemplación tranquila del féretro durante el velorio.

En efecto, para los deudos el velorio suele ser ocasión de abrir la llaga, de relatar una y otra vez los pormenores del deceso, de recibir abrazos y condolencias, cuando quizá lo que uno quisiera es estar solo. Pero para quienes acompañamos un tiempo al difunto y aprovechamos para meditar, son indudablemente momentos espirituales fecundos.

Es curioso ver cómo preparan al difunto, y los servicios que ofrecen las casas funerarias. Casi parece que quieren "dejarlo guapo". Pero al ver esos rostros, esas manos, ese cuerpo inerme, cuerpo que en ocasiones conocimos, saludamos, quizá abrazamos, la impresión no puede ser más profunda. La imaginación se escapa y se va a un futuro, cercano o lejano, en el cual quien se encuentre dentro del ataúd, fino o barato, será uno mismo.

Ver la vida desde esta perspectiva, además de realista, es saludable. Quizá es la única auténtica perspectiva, quizá sólo allí entendamos quiénes somos y lo que hicimos realmente. Probablemente sólo en ese postrer momento nos habremos dado cuenta de lo que realmente mereció la pena en nuestra existencia. ¿Qué cambiaría en mi vida si meditara con frecuencia en la realidad de la muerte? Y no "en la muerte", sino "en mi muerte", que es muy distinto.

Continuamente vemos que "otros" se mueren: las noticias están dolorosamente cargadas de violencia homicida por todo el globo; ya nadie pestañea al escuchar relatos de asesinatos o masacres, se han vuelto cotidianos; y si a ello añadimos que en el cine el híper-realismo nos los muestra cruda y exageradamente, el efecto es aún menor. Pero pocas veces afrontamos el hecho de que un día seremos nosotros quienes fallezcamos.

Pensar con frecuencia en la propia muerte no sólo nos ayuda a desenmascarar la banalidad de muchos de nuestros problemas cotidianos, sino que nos empuja a buscar el auténtico valor de las cosas, a redescubrir el tesoro de nuestra vida, de nuestro tiempo, de nuestros días, a ver cómo lo estamos empleando.

Sólo en el postrer momento, mirando hacia atrás, tendremos la perspectiva justa que nos muestre el valor de lo auténtico y desenmascare el oropel de la apariencia, tantas veces banal y celosamente buscada. Lo que parecía importante, lo que quizá nos quitaba el sueño, visto desde esta peculiar óptica, puede aparecer insustancial e insulso. Por contraste, lo que no era apreciado por la galería, aparezca acaso como un tesoro.

Esta semana tuve la oportunidad de participar en un velorio especial, el de un sacerdote. Éstos no son tan frecuentes, pues somos pocos. El clima era diferente: menos emotivo y dramático (murió mayor: casi 84 años, casi 60 de sacerdote), pero de mayor recogimiento y oración.

Al ver la paz de su rostro, al conocer la fecundidad de su vida, simplemente era evidente que había valido la pena. Su vida no fue frívola y superficial, sino fructífera, fecunda, feliz. No vivió de cara a la galería, a la foto, al *selfie* diríamos ahora; pero no fue aburrida y sosa, fue una aventura sacrificada y, en ocasiones, dolorosa. El drama de la vida, como todos los dramas buenos, se decide hasta el final.

El ver aquel féretro me recordaba el final, la importancia de terminar bien, de mirar en retrospectiva y descubrir que uno no entra en la eternidad con las manos vacías. Ahora bien, ese terminar bien no se improvisa: cada decisión, lo queramos o no, contribuye a hacer de nuestra vida una comedia, una tragedia o una epopeya... La de este hombre, sin lugar a dudas, fue una gran aventura con buen final.

Espero que así sea la mía. Espero que aprovechemos más a nuestra buena amiga la hermana muerte, para vivir mejor nuestra vida...

# VIFAC

Un capítulo aparte lo merece *Vida y Familia A.C.*, *VIFAC*, la asociación creada para proteger a la mujer gestante en México, con la que pude colaborar mientras viví en Culiacán. La asociación se dedica a bridar apoyo a mujeres con embarazos no deseados. Les brindan ayuda médica, psicológica, profesional, albergue si es necesario, pero, sobre todo, cariño. Después de que las madres han dado a luz, pueden decidir si quedarse con el bebé o darlo en adopción. *VIFAC* tiene una lista grande de parejas que, normalmente, no pueden tener hijos y que esperan con ansias la oportunidad de tener uno adoptivo.

Mi colaboración con *VIFAC* era doble. Lo más llamativo consistía en entregar bebés a las parejas que estaban en lista de espera. Resultaba muy emocionante: los matrimonios no habían estado esperando a su hijo nueve meses, como impone habitualmente la biología, sino muchos años, cinco, quizá diez. El tiempo que habían tratado de embarazarse sin éxito, la lista de espera de *VIFAC*. Usualmente entregábamos al niño/a con una semana de nacido. La madre biológica había tenido que refrendar en dos ocasiones su voluntad de entregarlo en adopción. Para esa ceremonia paralitúrgica, el sacerdote se reviste de capa pluvial, carga el niño y, después de unas oraciones, lo entrega a los felices padres que, usualmente, están hechos un mar de lágrimas. En realidad, durante esas ceremonias todo el mundo echa su lagrimón, personalmente en varias ocasiones lloré a moco tendido: es muy impactante.

El otro servicio que prestaba era menos llamativo, pero más enriquecedor. *VIFAC* tenía un albergue en Culiacán, donde se quedaban las chicas embarazadas que no tenían donde ir o sufrían maltrato en su casa. Estando ahí las llevaban a hacer todas sus revisiones médicas, recibían atención psicológica y clases de oficios manuales, para que, en caso de necesidad, ellas tuvieran un medio de subsistencia. Ahí entraba el sacerdote, que les brindaba dentro de todo ese plan de formación, charlas de doctrina cristiana básica y aprovechaba para platicar con las que quisieran hacerlo, normalmente todas, pues cada una tenía una historia interesante que contar.

Me centraré aquí sólo en tres casos, sin mencionar los nombres, para guardar la discreción. Una que me impresionó mucho fue una chica cieguita que había sido violada. ¡Vaya que se necesita mala leche para violar a una ciega! Ella tenía, sin embargo, uno de los corazones más puros que he conocido. Al preguntarle si iba a entregar a su hijo en adopción, contestó horrorizada que de ninguna forma, ¡era su hijo!, y lo quería con toda el alma. Por supuesto que en su corazón no guardaba rencor contra el injusto agresor, lo había perdonado.

El otro extremo lo conformaba una prostituta. Debido a sus andanzas sexuales había quedado embarazada, no sabía quién era el padre. Trabajaba para una agencia que ofrecía *escorts* a profesionistas que viajaban a Culiacán con motivos de trabajo. Esperaba en el aeropuerto a su cliente, hacían contacto en la sala de llegada, y lo acompañaba como pareja durante toda su estancia en Culiacán. Ella no era de ahí, sino de la sierra. No le había dicho a sus padres a qué se dedicaba, ellos pensaban que tenía un trabajo normal. Durante el tiempo que estuvo viviendo en el albergue traté de convencerla para que cambiara de giro profesional, sin éxito. Ella era muy clara: le gustaba mucho lo que hacía –por lo menos disfrutaba de su trabajo, lo que no todas las personas podemos decir–, y ganaba mucho dinero en poco tiempo. Me explicó que carecía de cualquier capacitación profesional, era absolutamente imposible ganar una cantidad que siquiera se acercase a lo que ella recibía normalmente cada mes. Además, no estaba sometida a un horario extenuante, en fin, que no logré mi objetivo. Me sorprendió mucho la clarividencia con la que respondió a mi pregunta de por qué había decidido pedir ayuda a *VIFAC*: "Porque soy prostituta Padre, no asesina". Su plan consistía en dar a luz ahí, entregar el bebé en adopción y volver a sus ocupaciones habituales, cosa que hizo. Mucho me sorprendió descubrir cómo una prostituta puede ser excelente persona, y tener sensibilidad por el valor de la vida humana.

En el tercer caso me vi involucrado más directamente. Habíamos ido a hacer una labor social en unos pueblos pesqueros de la Bahía de Topolobampo, invitados por el párroco de esa pequeña localidad. Ahí me encontré con una chica joven –unos 20 años, pero no estoy seguro– que estaba embarazada, y que era muy presionada por su padre y por su novio para que abortara. Ella no quería hacerlo y, por eso, la vida en su hogar se había tornado insufrible. Ahí, sobre la marcha, le ofrecí venirse con nosotros –unos chicos de bachillerato y un profesionista joven me acompañaban– a Culiacán, para mudarse a vivir en el albergue de *VIFAC* en lo que daba a luz. Ella aceptó y, prácticamente a escondidas, al terminar la labor social, nos la llevamos "de contrabando" a Culiacán, donde finalmente pudo dar en adopción a su hijo.

Para mí ayudar a *VIFAC* ha sido una de las más maravillosas experiencias de mi actividad sacerdotal, aunque no ha sido la única forma de ayudar a mujeres con embarazos no deseados. En realidad, se trata de una experiencia relativamente frecuente. Cuando una chica se embaraza no es extraño que vaya a conversar –por voluntad propia o empujada por sus padres– con un sacerdote. Varias veces me ha ocurrido eso en mi ministerio pastoral, con personas y familias que no tienen la intención de abortar o dar en adopción al hijo/a que viene en camino.

De entre esas historias guardo un particular recuerdo de una. Una madre de familia me llevó a su hija, joven estudiante de economía que se había embarazado, a conversar con ella, con la intención más o menos clara de que la regañara. En realidad, nadie se esperaba ese embarazo. Había sido siempre una chica ejemplar en el colegio, obteniendo las mejores calificaciones tanto en la escuela como en la universidad. Era una chica tranquila, no de grandes excesos ni de continuas salidas a antros y cosas por el estilo. Pero en una ocasión se fue con sus amigas de viaje a una playa cercana, y ahí bebió un poco más de la cuenta, y terminó metiéndose con un chico al que ni quería y que no valía la pena  Para sorpresa de la madre no regañé a la chica, al contrario, la felicité porque tenía el "coraje de ser madre". Lo hecho, hecho estaba, lo importante es que ahora iba a ser madre y eso es un maravilloso privilegio del que solo gozan las mujeres biológicas. Había que reconocerlo, había que celebrarlo.

La chica quedó enormemente agradecida conmigo. A mí me edificó mucho por su fortaleza y entereza: no dejó de asistir a clase cuando el abultamiento del vientre fue evidente, tuvo a su niña, concluyó con buenas notas ese semestre y toda la carrera. Pudo hacer una maestría incluso. Es decir, es mentira eso de que se te acaba la vida cuando tienes un hijo no planeado: ella siguió adelante con su vida, con mucha más madurez, pues ahora tenía la responsabilidad de sacar a una hija adelante.

La historia con ella no concluyó ahí. Años después me pidió que la casara. Había conseguido novio con una aplicación, creo recordar que era "CatholicMatch". Se trataba de un chico que vivía en otro país, cardiólogo, con un muy buen trabajo. Ella había viajado a España para conocerlo, él había venido a México para conocer a su familia. Concertaron finalmente la fecha de la boda, me contrataron para oficiarla. Pero cuando compraban los muebles para su nueva casa, ella se dio cuenta de que el chico era incapaz de tomar decisiones por sí mismo y que todo se lo debía consultar a su madre: si estaba bien esta sala, este refrigerador, esta cama matrimonial. Se dio cuenta de que se iba a casar con él y con su suegra. Y así, con fecha de boda, departamento comprado y todo, canceló el compromiso. Me sorprendió mucho, pues no es fácil que una madre soltera consiga un buen partido, pero cuando ella se dio cuenta de que en realidad no lo era, canceló la ceremonia.

La historia termina bien, porque con el tiempo consiguió casarse con un buen hombre, que quiere y respeta a su hija mayor, y con quien ya ha tenido más familia. Ella pudo abrirse paso en la vida y le dio la maravillosa oportunidad de vivir a su hija.

# Ocurrencias de los niños

Debido a los escándalos de pedofilia sacerdotal que se han destapado este siglo, ya no se puede decir: "me gusta la pastoral con los niños", pues se tiende a pensar mal, como si uno dijera: "me gusta el sexo con los niños". Debo decir, sinceramente, que cuando explotó el escándalo del *Boston Globe* yo era diácono y jamás pensé que ese crimen tan horrendo pudiera existir. La triste historia que todos conocemos me ha quitado la venda de los ojos. Sin embargo, debo decir, en honor a la verdad, que disfruté muchísimo mis años de capellán de colegio en Málaga, Guadalajara, Culiacán, Ciudad de México y Lima. Me fascinaban especialmente las ocurrencias de los niños.

Por ejemplo, en una ocasión estaba en la capilla de la Universidad de Piura, en Lima, cuando tempestuosamente entró un niño al oratorio, hijo de una profesora. Sin dudarlo se fue directo al presbiterio, se colocó delante del sagrario y dijo en voz alta: "Jesús, ¿no te gustan los dinosaurios?, ¿por qué acabaste con ellos?" Dicho lo cual, con la misma seriedad, abandonó la capilla.

Otro niño, del que he hablado más arriba, Facundo, solía ir a visitarme a mi oficina en el colegio (oficina que era toda de cristal, de forma que desde afuera todos veían lo que sucedía dentro, para proteger al sacerdote y a los niños). Le gustaba visitarme porque yo le prestaba mi computadora para jugar videos. Creo recordar que le gustaba uno absurdo de plantas contra zombis. Cuando creció un poco más –3° de primaria, 8 años– comenzó a seguir *YouTubers*. En cierta ocasión quiso que le pusiera un video de un *YouTuber*, llegado un momento, con toda sencillez me dijo: "vuélvase padre, porque esto no lo puede ver". ¡No lo podía ver un sacerdote cuarentón, pero sí un niño de 8 años!

Un lugar común en los campamentos de niños que desde Culiacán organizábamos en la sierra de Durango, México, era el de los niños a los que les daba "mamitis". Se ponían sentimentales, extrañaban a su mamá y, con frecuencia, se ponían a llorar. Por algún extraño motivo los instructores del campamento siempre me los enviaban, para que los consolara.

Había un niño, de unos 10 años, al que le dio "mamitis". Durante el día era el niño más feliz, disfrutando de los juegos y del campo. Al llegar la noche se ponía sentimental, extrañaba a su mamá, decía que quería regresar del campamento. En realidad, eso no era posible, porque estábamos a 10 horas de su casa en Los Mochis, Sinaloa. Recuerdo que el último día ya no lo vi tan triste, me explicó el motivo: "hice oración y le pedí a Dios que mañana me suba al autobús, me quede dormido rápidamente y no me despierte hasta llegar a Mochis y ver a mi mamá". La fe del niño en la oración era más que clara, pero yo quería ponérsela más fácil a Dios, así que le sugerí que mejor le pidiera que hubiera buenas películas en el camino y que no vomitara durante el trayecto (la carretera estaba llena de curvas, por lo que habitualmente muchos niños volvían el estómago). Me contestó muy serio: "que si no tenía fe, que él se lo había pedido a Dios y Dios lo puede todo". Ante tal argumento teológico me dejó sin palabras.

# ¿Qué es lo más difícil de ser sacerdote?

Varias veces me lo han preguntado. Como sacerdote tienes que consolar a la gente en sus dolores, y nada más doloroso que la pérdida de un hijo o una hija. Por tanto, pienso que la labor más difícil a la que se enfrenta un sacerdote es brindar palabras de consuelo en estas dolorosas situaciones, dificultad creciente cuando el que está sufriendo es cercano a ti.

Pienso que no existe dolor moral más grande que la pérdida de un hijo, de una hija. En este texto reconstruyo las ideas madre de dos homilías que pronuncié con ocasión de un hecho trágico: la sorpresiva muerte de Camille, una niña de 7 años, hija de un querido amigo mío, Alejandro. Para un sacerdote nada más difícil que predicar en estas ocasiones, donde las palabras sobran y el dolor es inconsolable. Sirvan de reflexión y consuelo para aquellas personas que se encuentran en una situación análoga y para todos aquellos que nos preguntamos "¿por qué pasan estas cosas?"

Ante hechos tan trágicos, como la sorpresiva muerte de Camille, una niña de apenas 7 años, no cabe sino una actitud: un respetuoso silencio. Primero un silencio ante los planes de Dios, que se nos antojan tantas veces incomprensibles, especialmente en situaciones como ésta, donde no alcanza ninguna explicación humana. Respetuoso silencio también por los que sufren esta dolorosa pérdida: los padres, la hermana, los primos, tíos, abuelos, amigos, que se sienten conmocionados por la partida de Camille. Un silencio que respeta su dolor.

Sin embargo, con la luz de la fe, algo se puede decir para intentar descifrar tan doloroso evento. En efecto, la fe nos ofrece un rayo de luz, un punto de esperanza hasta en los momentos más oscuros de nuestra vida, como puede ser la pérdida de una hija.

Una primera verdad de fe, que ilumina poderosamente la situación en que nos encontramos, es la certeza de que Camille está mejor. Sí, es un dato de fe que la otra vida es mejor que esta. Que se está mejor en la presencia de Dios, disfrutando de toda la hermosura, la belleza, la gloria y el poder de Dios, que en esta vida, tantas veces miserable. Camille está mejor, gozando de Dios, siendo colmada de la más plena felicidad a la que puede aspirar una criatura.

¿Cómo estoy tan seguro de que goza de Dios? Dos son las fuentes que me permiten afirmarlo con una certeza moral. La primera son las consoladoras palabras de Jesús en el Evangelio: "Dejad que los niños se acerquen a mí, y no se lo impidáis, porque de ellos es el Reino de los Cielos" (*Mateo* 19, 14). Los niños son almas gratas a Dios, almas puras. De ello se hace eco la oración pública de la Iglesia, la liturgia que, en la *Misa de Exequias por los niños*, no pide por su eterno descanso, sino por el consuelo de los padres y para que puedan reunirse en el cielo, al final de su vida, con el hijo/a que ahora han perdido.

Camille está mejor, y eso es lo importante: ya no experimentará ni dolor, ni cansancio, ni sufrimiento; goza en cambio de toda la alegría y felicidad que puede albergar el corazón de una criatura, y que solo Dios puede llenar. Camille goza ahora de Dios; ella está mejor, pero nosotros no. Nos hace falta, deja un hueco en el alma que nada podrá llenar. Para hacer frente a esta dolorosa realidad, quizá nos pueda servir considerar la segunda verdad de fe que ilumina estos momentos trágicos, momentos oscuros: la comunión de los santos.

En efecto, la comunión de los santos nos recuerda que estamos misteriosa, pero realmente unidos con nuestros hermanos que nos preceden en el cielo, con los que se purifican en el purgatorio, y con todos los que luchan las batallas de Dios en esta vida. Es un lazo espiritual, pero no menos real. Es verdad que pobremente podrá consolarnos esta doctrina, pues echamos de menos su mirada, su sonrisa, su afecto. El vacío que deja en nuestros sentimientos es innegable. Pero nos consuela saber que podemos tener otra forma diferente de comunión con ella: no emotiva, pero sí espiritual, real. No circunscrita a sus límites espacio-temporales, pues ahora, en cualquier momento y sin necesidad de verla u oírla, podemos entrar en comunión con ella a través de la oración. Y ello se consigue, de forma eminente, en el santo sacrificio de la Misa, donde nos unimos al coro de los bienaventurados que alaban a Dios en el Cielo, entre los que se encuentra Camille, y expresamente pedimos por quienes se nos han adelantado a la casa del Padre.

Pudiera parecer que con este trágico hecho la familia se rompe. Pero, en realidad, no es así. La meta, a la hora de formar una familia, es que finalmente cada uno de sus integrantes alcance la gloria del Cielo. Si eso no se consigue, ninguna de las otras metas habría valido la pena: ni los estudios, vacaciones, diversiones y aficiones que cultivamos en nuestra vida. Camille ya ha llegado a la meta, y desde ahí intercede para que todos los miembros de la familia se reúnan de nuevo, cuando Dios quiera, como Dios quiera, al final de sus vidas. Un trocito de su corazón ya está en el Cielo, y desde ahí los atrae y los ilumina para que ustedes puedan llegar también al mismo lugar.

Y así embonamos con la tercera verdad de fe, que nos cuesta trabajo reconocer, pero que es lo más seguro que tenemos: vamos a morir. Así como Camille murió, nosotros también moriremos. Por eso la dolorosa separación que hoy sufrimos no es un adiós; es un hasta luego. Nos recuerda que "no tenemos aquí una ciudad permanente" (*Hebreos* 13, 14), y que estamos en camino. Ella ya llegó a la meta, y desde ahí nos ayuda e intercede por nosotros, para que también lleguemos. Si todos los velorios nos avocan a considerar nuestra propia muerte, la realidad de que algún día, el que esté en el féretro seré yo mismo, este recuerdo se torna más vivo cuando quien nos precede es un niño inocente.

Vamos, en consecuencia, a abrir nuestro corazón a esas verdades de nuestra fe, para permitirles que iluminen con la lucecita de la esperanza, el duro trance que sufrimos. Que las verdades de fe empapen nuestro interior, para que, pasado un tiempo, podamos recobrar la alegría de vivir, sabiendo que consuelo no es olvido. Olvidar, nunca olvidaremos, pero no nos cerremos al consuelo que Dios y Camille nos quieren dar. En efecto, si algo ensombreciera ahora la gloria de Camille, es precisamente que ella ve y comprende nuestro gran dolor. Pero ella no deja de amar en el Cielo lo que amó aquí en la tierra. Por eso, en honor a ella, para que descanse en paz, aunque sea difícil y doloroso, debemos retomar nuestra vida, sabiendo que ahora la recorremos con ella y hacia ella, y que también nosotros, en Dios Nuestro Señor, recuperaremos todos los amores nobles que hayamos cultivado en esta tierra, y ningún amor más noble, que el de un padre, que el de una madre por su hija pequeña.

## Labores sociales

Una obra de caridad maravillosa, que tiene mucho jale entre la juventud son las labores sociales, campamentos de trabajo o "misiones". Consisten en visitar alguna población, normalmente alejada de la civilización, para ayudar en aspectos materiales, como puede ser pintar una escuela o una iglesia, visitar a las familias y, particularmente a los enfermos y demás necesitados y, finalmente, organizar una catequesis. Es decir, prestar algunos sencillos servicios materiales y ofrecer un poco de ayuda espiritual. Además, como sacerdote, puedes celebrar diariamente la misa y confesar a personas, algunas de las cuales llevan mucho tiempo sin confesarse, bien porque el sacerdote va poco por ahí, o bien porque no se entienden bien con el sacerdote habitual.

Una que me conmovió mucho fue en la sierra de Michoacán, México, en un poblado llamado Zicuicho. Me da nostalgia pensar que ahora es imposible ir allí de labor social, pues toda esa zona del país es territorio gobernado por el narco. Pero en aquella época no era así. Llegar ahí te hacía sentir como si hubieras vuelto al pasado. La comunicación en el pueblo se daba a través de unos altavoces. Por medio de ellos se comunicaban los recados a las personas o los mensajes. El teléfono del pueblo se encontraba donde se emitían esos mensajes. Le jugamos una broma a Paco, cuando mandamos decir el mensaje de que "a Paco Colín lo llama su profesora de ballet", que resonó por todo el pueblo. En el pueblo pululaban las supersticiones, por ejemplo, creían en los *"zumbats"*, que eran espíritus con forma de antorcha, que te podías encontrar por la noche si vagabas por los caminos solitarios. De hecho, una noche fuimos a acampar junto al cementerio, con la esperanza de ver algún *"zumbat"*, cosa que, obviamente, no sucedió, pero ello no impidió que los chicos disfrutaran de la aventura.

Cada mañana había rosario a las 5.30 am, y la misa de 6 am, que me tocaba celebrar. Cada día una viejita depositaba como limosna un huevito, normalmente negro, o blanco con negro, y me recordaba a la viuda pobre de la que habla el evangelio (*Lucas* 21, 1-4). El trabajo que hacíamos era más variado, visitábamos a las familias más pobres, construimos varias letrinas, arreglamos el jardín y la casa de un anciano, y cosas así. Pero lo más impresionante fue la visita de los enfermos del pueblo. Una de ellas me sorprendió fuertemente. Se trataba de una anciana viuda, con una sola hija, que llevaba 20 años postrada. Simplemente, un día, poco después de enviudar, ya no se pudo levantar. Nunca la atendió un médico. Con el tiempo la colocaron en el piso, sobre un petate de paja y ahí se movía como gusanito mientras desgranaba las cuentas de su rosario. Pero lo más impresionante era verla feliz en esa situación. ¿Cómo se puede ser feliz, estando postrada, en el piso de una humilde choza, los últimos 20 años de tu vida? Pues era real, ahí estaba. Procuré que todos los chicos la fueran a visitar y todos, yo el primero, quedamos muy conmovidos.

Otra labor social memorable tuvo lugar en San Ramón, Perú, con unos indígenas *"shipibos"*. Una tribu que había emigrado de la selva profunda a la región denominada "ceja de selva", con la esperanza de conseguir un futuro mejor. Ellos, en efecto, vivían de la cacería, la recolección de frutos y, desde su última mudanza, de la venta de artesanías. Vivían en una zona selvática y montañosa, de forma que les ayudamos construyendo escaleras que comunicaban los distintos niveles de su aldea. También era como volver al pasado, pues la tribu tenía, como no podía ser menos, un brujo. Me hice muy amigo del brujo –que no tenía connotaciones negativas o malignas, sino simplemente como testigo de la sabiduría ancestral de ese pueblo–, quien se esforzó mucho, si conseguirlo, en que yo probara la *ayahuasca* (especie de hierba alucinógena) y me dejara guiar por él al inframundo. No me dejé ganar por la curiosidad que, confieso, tenía bastante.

Con ese pueblo sucedía lo que según me informé, era frecuente en la pastoral de la selva tanto peruana como brasileña. Toda la gente de la tribu creía en Jesús, en la

Virgen, valoraba la eucaristía, ciertamente, como no podía ser menos, tenían algunas formas de sincretismo, como el brujo católico de la tribu. Pero nadie estaba bautizado. El párroco había dicho que se debía bautizar todo el pueblo junto, ¿y cuándo sucedería eso? Cuando el pueblo estuviera preparado. Lo que sucedería, Dios sabe cuándo. Me dio mucha pena dar clases de catecismo a niños indígenas, muy receptivos, que se aprendieron las principales oraciones, los mandamientos y los sacramentos, pero que no estaban bautizados, ni había perspectiva próxima de que lo estuvieran.

Los cantos y los bailes indígenas, el colorido de los vistosos vestidos de las mujeres, las caras pintadas de los cazadores, todo ello le otorgaba un encanto especial, casi mágico, a ese maravilloso campamento de trabajo. Todo enriquecido, además, por los jugos de frutas exóticas propias de la Amazonía, y la degustación frecuente del "masato", bebida alcohólica a base de yuca, que fermenta en los labios de las mujeres indígenas. A todos nos dio asco probarlo por primera vez, pero terminamos acostumbrándonos a su sabor.

En fin, que las labores sociales te permitían conocer lugares bellísimos, usualmente alejados de la civilización y habitados por gentes más sencillas, descomplicadas, ajenas a la sofisticación y complejidad anejas a nuestra sociedad desarrollada. En este sentido, un lugar paradigmático fue Juli, a orillas del lago Titicaca, casi en la frontera con Bolivia, a casi 4000 metros de altura. Zona de baja densidad poblacional, habitada fundamentalmente por indígenas aimaras, extremadamente pobres. Ahí realizamos una sencilla labor social: construir un aula de una escuela y llevar víveres, despensa y ropa de abrigo para los gélidos fríos del altiplano peruano. La gente, como siempre, muy agradecida, cooperando con nosotros en la construcción del aula y que, al terminar, no pudo dejar de practicar sus creencias ancestrales, como son "el pago a la tierra", consistente en derramar un poco de licor en el suelo, antes de consumirlo para celebrar por el fin de la construcción del aula.

# Campamentos

Recién desempacado de España, nada más volver a México, con pocos meses de ordenado, me enviaron a Guadalajara, para atender el club *Cauda* y el colegio *Altamira*. Fue una época de ensueño, pues en Guadalajara la gente sabe vivir bien. Tiene muy bonitas playas a dos horas, igualmente bosques hermosos aún más cerca. Durante esos tres maravillosos años que viví ahí –demasiado breves para mi gusto– lo más esperado era el verano: ¡un mes entero de campamento! En realidad, eran varios campamentos semanales, para chicos de diversas edades, y siempre estaba el sacerdote con ellos para celebrar la Santa Misa. El lugar, un maravilloso paraje en medio del campo, llamado Ahuacatepec, con un río, una cascada, lodazales y terreno para hacer juegos.

Yo solía dormir en el cuarto para el sacerdote que tenía la iglesia del pueblo. La verdad, daba un poco de miedo dormir solo, lejos de la gente, rodeado del campo, un tanto tenebroso por la noche cuando había neblina, lo que sucedía con frecuencia. Disfrutaba tanto de los campamentos que solía participar de los juegos con los niños y adolescentes. A ellos esto les fascinaba. Así luego tenía mucha entrada con ellos para conversar, con el prestigio ganado en los juegos.

Había, además, un campamento con los instructores de los campamentos, el *"@ camp"*. En ese campamento pudimos hacer planes estupendos donde se mezclaban los pinos y las palmeras, los paseos en bici de montaña y las olas de la playa. En varias ocasiones nos recorrimos varias playas de Jalisco y Nayarit, porque los campamentos eran itinerantes. Digamos que, para mí, la parte más agradecida del ministerio sacerdotal consistía en apoyar esas actividades.

Cuando me mudé a Culiacán, cambió también el lugar para hacer campamentos. Ahí los hacían en Mexiquillo, Durango, un lugar alejado 7 horas de Culiacán, al que se accedía en ese entonces –ya hay una supercarretera nueva– por una carretera llena de curvas, que tenía un lugar bastante peligroso conocido como el Espinazo del Diablo. Una vez llegaba uno a Mexiquillo, el paisaje era maravilloso: un tupido bosque de coníferas, ríos, lagos, prados. Los campamentos eran más breves; no me ausentaba un mes, pero sí dos semanas. Todo el año esperaba los campamentos de verano, en los cuales, como en Guadalajara, también participaba de los juegos con los chicos.

En una ocasión, al volver de Mexiquillo, tuve el "peligro de muerte" más grande de mi vida, la ocasión que he estado más cerca de morir. Volvía manejando una camioneta repleta de chicos de secundaria. Todos dormidos por las desveladas del campamento. Yo estaba escuchando *Heavy Metal* para no quedarme dormido manejando, *Metallica* en concreto. Esa música te da energía, te vuelve audaz e incluso, imprudente. Estábamos en el *Espinazo del Diablo*, parte de la carretera llena de curvas y precipicios, íbamos por una cresta de la sierra. En un momento, tuve una buena perspectiva, vi que no venían carros en sentido contrario, me lancé a rebasar un tráiler en curva con la certeza de que no chocaría con nadie de frente. Pero no tomé en cuenta que, en la angosta carretera, el tráiler solía ocupar los dos carriles en las curvas, así que, mientras lo rebasaba, me orillaba fuera de la una carretera en la que no había arcén sino precipicio. En cuestión de instantes me di cuenta que no tenía margen de maniobra y de que la caja del tráiler me arrojaría al precipicio. Me encomendé a mi ángel de la guarda, pensé en una fracción de segundo, reventé mi espejo retrovisor derecho con la caja del tráiler, pegué, metal con metal, la caja del tráiler con mi automóvil, aceleré a fondo, y sólo así pude rebasarlo. El chófer del tráiler me "mentó la madre hasta Adán y Eva", pero habíamos salvado la vida, gracias a mi Custodio, a pesar de mi imprudencia.

En Culiacán también organizamos, por dos años consecutivos, un campamento a Baja California Sur. Se tratada de cruzar el Mar de Cortés en Ferry, desde Topolobampo hasta La Paz, Baja California. Y de ahí hacer un periplo, por diferentes playas, entre las que destaca Cabo

Pulmo, por su magnífico arrecife de coral. La sensación de libertad que te da dormir al raso, con solo un *sleeping bag*, sin tienda, mirando las estrellas es indescriptible. La fogata nocturna, caminar por la playa y, para mí, el momento culmen consistía en celebrar la Santa Misa en la playa, teniendo como retablo el mar. También en el bosque –Mexiquillo–, un momento estelar era poder celebrar la Misa encima de una roca, en medio de la montaña.

Capítulo aparte fueron las misas en los campamentos padre-hijo del colegio *Altamira*. A veces pasaban cosas chuscas. Por lo menos en los años en los que fui no se conseguía el objetivo: que los papás jugaran con los hijos. Por el contrario, los hijos jugaban con los chicos del staff, que organizaba los juegos, y los papás se dedicaban a tomar alcohol –no todos, pero sí la mayoría–. Así, no era extraño que a la hora de celebrar la Misa hubiera algún impertinente alcoholizado por ahí, pero, en fin, son parte de las cosas con las que hay que saber lidiar en el ministerio sacerdotal. En serio, por algún extraño motivo, los sacerdotes atraemos a los borrachos –por lo menos en México–, los cuales se sienten obligados a decirnos cosas como "yo amo a Jesús" u otras por el estilo.

En Guadalajara, además, había un bosque pegado a la ciudad, conocido como "La Primavera". Era un lugar excelente para hacer diversas rutas de bicicleta de montaña, cada una con diferente grado de dificultad. Pero era un plan al que podías ir y volver en el mismo día, lo que resulta particularmente útil para un sacerdote que diario debe celebrar la Santa Misa. Curiosamente, coincidencias de la vida, en Culiacán también había un lugar –un enorme fraccionamiento, con lago, bosque, campo de golf, etc.– llamado "La Primavera". También ahí me escapaba con frecuencia, con mi amigo Jesús o mi amigo Enrique, a pedalear por el campo. Luego he sabido que algunas de esas rutas de bici de montaña se las comió el campo de golf.

En la Primavera de Guadalajara había un plan que podía hacer muchas veces sin cansarme. En medio del bosque había unas aguas termales. Donde salían las aguas no te podías meter, eran excesivamente calientes, pero un poco más adelante, se mezclaban con un riachuelo fresco, de forma que se formaban unas pozas con agua caliente, donde podías pasar toda la noche, dormitando, conversando y mirando a las estrellas, ¡fenomenal! Solía ir con chicos de bachillerato, y era un plan sencillo, barato, con una dosis no pequeña de sacrificio, ya que había que caminar varias horas para llegar hasta ahí, y luego estar toda la noche metidos en el agua, se te ponía la piel de viejito.

En el Perú también había lugares magníficos para ir de excursión. Tenían tres modalidades: montaña, mar o selva (mi preferido). Las playas que solía frecuentar eran Cerro Azul y Paracas, y otras más cuyo nombre no recuerdo. Con mi amigo Luis Eguiguren hacíamos travesías a nado de uno hasta cuatro kilómetros, metiéndonos mar adentro, atrás de la rompiente de olas. Con frecuencia se nos acercaban bufeos, una especie de delfines oscuros peruanos. La sensación de estar en medio del mar, lejos de todo, sólo tú y la inmensidad, es realmente gratificante.

En la montaña había un plan especial, que hicimos varias veces, también con chicos de bachillerato y mi amigo Pancho Ganoza. Se trataba de subir a la laguna de Rapagna, que está a 4,550 mts. Es un recorrido pesado, pues son 11 km de caminata y 1200 metros de desnivel. Pero vale la pena. Cuando llegas, tienes una majestuosa vista de nevados que alimentan a la laguna, formada por agua de deshielo. El reto es meterse a nadar, aunque sea por breve tiempo, después de haber realizado un gran esfuerzo para llegar. Ese chapuzón es un auténtico "vuelve a la vida", y una prueba de fortaleza para los chicos. Había también otras excursiones de montaña, como una que hicimos tres o cuatro veces a acampar en un pueblo fantasma –abandonado– a mitad de la montaña llamado Linday. La idea era pernoctar allí y subir al día siguiente a lo alto de la montaña buscando unas ruinas incas que nunca encontramos (las tres o cuatro veces que fuimos lo intentamos sin éxito). Ahí tuve un susto considerable, pues vi cómo un chico de tercero de secundaria (14 o 15 años) se tropezaba en el camino, comenzaba a rodar ladera abajo rumbo a un precipicio, pero que, providencialmente, se detenía al chocar contra una roca grande justo antes del abismo. Debo reconocer que lo pasé fatal en esos breves instantes de impotencia.

Pero el preferido era la selva. La variedad de los lugares era grande, pero el denominador común consistía en la exuberante vegetación, los frutos característicos de la selva, con los que se elaboraban deliciosos jugos, la belleza de sus ríos. Tuve la oportunidad de conocer en la selva central: Oxapampa, Pozuzo, Satipo y San Ramón. De la selva norte conocí Jerez, Moyobamba y Tarapoto. En Jerez también hicimos el plan de ir a media noche al cementerio, para contar historias de miedo. Los chicos – era un viaje de final de la secundaria– no lo olvidan. No sabría decir qué lugar me gustó más, creo que todos me fascinaron.

# El dilema de la confesión

Antes de desarrollar este breve inciso, es preciso hacer una advertencia previa, explicando lo que es el sigilo sacramental de la confesión que, lógicamente, no pretendo violar en estas líneas. El sigilo sacramental se refiere a la lógica reserva que se debe guardar acerca de todo lo conocido a través del sacramento de la confesión. Es tan importante que ha cobrado mártires, como san Juan Nepomuceno, asesinado por el celoso rey que quería conocer, sin éxito, los pecados de su esposa. En la actualidad, por ejemplo, se ha hecho mucha presión para que se viole en el caso de las personas que tengan conocimientos de casos de pederastia clerical por ese medio. Algunos sacerdotes han ido a prisión por no revelar nada de lo que saben. En cualquier caso, para violarlo –y es un pecado reservado a la Santa Sede, es decir, sólo el Papa te lo puede absolver– necesitas decir pecado y pecador. Si no unes las dos cosas, no lo violas, no caes en el delito. Sin embargo, se nos anima a todos los sacerdotes a guardar reserva sobre lo que sabemos por confesión, para no hacer odiosa la práctica del sacramento.

Por otra parte, el "método del caso", que tanto éxito tiene en las escuelas de negocios, no fue inventado por Harvard. En realidad, se practica en la Iglesia Católica desde hace siglos, a través de las "*collationes*", reuniones de sacerdotes donde se intercambian experiencias, siendo parte muy importante de las mismas los "casos de conciencia". Situaciones humanas, cada una más rocambolesca que la otra, en donde se pregunta: "*quid a casum*" (¿qué hacer en este caso?). En ellas se cambian los nombres de las personas –se le suelen poner nombres extraños y simpáticos–, para estudiar cuál sería el modo de proceder o el mejor consejo para dar en esa situación. Ordinariamente se trata de situaciones conocidas por la confesión o el acompañamiento espiritual.

Hago estas precisiones para "curarme en salud", y que nadie se extrañe de lo que voy a relatar. Lo que sucede es que una parte muy importante del ministerio de un sacerdote del Opus Dei es la confesión sacramental. San Juan Pablo II, que quería mucho a la Obra, solía hacer un comentario elogioso de nosotros diciendo que "teníamos el carisma de la confesión". San Josemaría mismo, el fundador, quería que sus sacerdotes dedicaran largas horas al día a impartir este sacramento. En este sentido, por ejemplo, durante un breve periodo de tres meses en que fui nombrado capellán del Colegio Cedros, en la Ciudad de México, llegué a alcanzar mi "récord personal de confesiones", superando las 1000 mensuales.

Hay casos de personas que reciben el sacramento de la penitencia que son particularmente emotivos y entrañables. Recuerdo, siendo sacerdote recién ordenado, la víspera de la canonización de san Josemaría Escrivá, como varios chicos que iban con el colegio que yo atendía a participar del evento se confesaron, después de mucho tiempo de no hacerlo. En otra ocasión, yendo de campamento con un grupo de chicos a las playas de Jalisco y Nayarit, México, una persona con la que nos cruzamos, empleado del hotel donde pernoctábamos, se confesó, llevando más de 40 años de no hacerlo. Lo comentó el mismo a los chicos de la excursión, pues asistió con nosotros a la misa que celebré en una habitación del hotel y comulgó después de 40 años de no hacerlo.

Otro caso, particularmente impactante, ha sido el atender en hospitales a personas que llevan muchos años sin confesarse: 20, 25 o más, y que deciden acudir al sacramento en los últimos momentos de su vida, para ponerse en paz con Dios. Varias veces me ha tocado atender a personas ancianas, desahuciadas, que prácticamente en el lecho de muerte confiesan lo que han llevado cargando sobre su conciencia durante toda su vida. Pienso, en concreto, en varias ancianas que reconocieron haber cometido uno o varios abortos en su juventud y que se lo habían guardado hasta ese momento. Era impactante ver cómo reaccionaban al decirles que Dios las amaba, las comprendía, las perdonaba y encontrarían a sus hijos/as en el Cielo, donde no hay lugar para el rencor sino sólo para el amor. ¡Qué horror llevar ese peso sobre la conciencia toda una vida! Y, ¡qué alegría redescubrir al fin la esperanza cristiana, más grande que todas nuestras miserias!

Sin embargo, recomendando siempre y practicando personalmente la confesión frecuente –suelo hacerlo semanalmente– también he podido comprobar, con dolor, los "efectos perversos" de la misma. ¿A qué me refiero con "efectos perversos"? A realidades no queridas, no buscadas, pero fomentadas indirectamente al facilitar el acceso a la confesión. Los ejemplos hablan por sí solos.

Más de una vez un chico se ha ido a confesar el viernes, pidiendo perdón por los pecados que espera cometer el sábado, para poder comulgar el domingo. Una especie de "pago por adelantado". Es decir, se ve la confesión como un trámite para comulgar, no existiendo verdadero dolor de los pecados, ni propósito de enmienda, siendo ambas actitudes requisito para hacer una buena confesión. Otro caso chusco, y público, fue el que se verificó en un colegio. Iba saliendo en una camioneta llena de adolescentes a una excursión, estaba en el estacionamiento del colegio, cuando un chico se acerca corriendo al auto ya en movimiento y me grita: "padre, confiéseme", como ya iba de salida, con algo de prisa, malamente le dije: "ya no puedo, te confieso el próximo lunes". De nuevo insiste gritando: "son solo dos de masturbación". Obviamente, paré el carro, ante la carcajada de mis adolescentes inquietos, y lo confesé rápidamente. Pero me llamó la atención su desparpajo y sencillez, para gritar en público sus pecados, aunque lo hacía como quien dice: "dos tacos con salsa" o "enchílame estas gorditas".

Otro caso semejante, tragicómico, pues no sabía si reír o llorar, sucedió en una ocasión en la que les preguntaba a unos chicos de tercero de secundaria (15 años), que harían su supieran que el "fin del mundo" sería al día siguiente a las tres de la tarde. A bocajarro respondió, sin pensárselo demasiado, un chico diciendo con total naturalidad y franqueza: "pecaría todo lo posible hasta las 2 de la tarde y luego me confesaría". Aquí ya la confesión no era ni siquiera un trámite para comulgar, por supuesto estaban ausentes el propósito de enmienda y el dolor por haber ofendido a Dios, casi pudiera decirse que se consideraba una especie de "licencia para pecar". En fin, estuve tentado de tirar la toalla en mi labor escolar, pero no, bajo el conocido lema de "con estos bueyes hay que arar" seguí adelante, inasequible al desaliento.

Pero, en fin, se nota que hay una profunda necesidad de la confesión, y que los sacerdotes debemos facilitarla. Me conmovía mucho saber que, en Lima, en el Santuario del Señor de los Milagros, siempre hay sacerdotes confesando –por lo menos cuando yo vivía ahí así era–, con una dedicación heroica de estar horas y horas sentados escuchando a la gente decir sus pecados. En mis ratos oscuros a veces pienso que los sacerdotes tenemos que ser como el WC, el lugar donde las personas van a descargar lo que les pesa, sus miserias, lo peor de sí mismos; y que nuestra tarea es cargarlos de esperanza, a pesar de lo que hayan podido hacer. En particular, me remueve siempre que voy a la Basílica de Guadalupe y la gente me pide espontáneamente la confesión. En ocasiones incluso se ha formado una pequeña fila de cuatro o cinco personas que anhelan recibir el sacramento.

## La amistad con otros sacerdotes

Una página particularmente bella de la vida sacerdotal es la amistad con otros sacerdotes. Ya lo dice el viejo Aristóteles, la amistad se da entre los iguales o, si no, iguala a los desiguales. Es claro que nadie comprenderá mejor a un sacerdote que otro sacerdote. Alguien que sabe lo que llevas dentro, que entiende muy bien lo que es saber muchas cosas y no poder hacer ni decir nada, además de rezar. Que entiende toda la carga que te echas sobre los hombros cuando escuchas los problemas del prójimo y te empeñas en transmitir esperanza, a pesar de todo. Ahora bien, el demonio es muy astuto y se las suele ingeniar para que los sacerdotes seamos muy individualistas, o nos cueste trabajo –por respetos humanos– pedir ayuda, o tengamos recelos de nuestros hermanos en el sacerdocio, pues para ellos somos simplemente otro igual, mientras que para el pueblo fiel somos "el sacerdote".

Todo lo que sea facilitar que derribemos esas sutiles murallas invisibles en nuestro entorno, que nos hacen impermeables a la amistad sacerdotal, todo lo que sea derribar la torre de marfil en la que podemos refugiarnos, rego-deándonos de nuestro individualismo, es bueno y querido por Dios. No por nada el último Concilio de la Iglesia ha recomendado las diversas formas de fraternidad sacer-dotal, para que no vayamos por libre, no estemos solos, porque así somos más fácilmente presa del enemigo (así, con minúscula).

La ciudad donde más se facilitaba la fraternidad sa-cerdotal, de todas las que he vivido, es Guadalajara. Ahí teníamos encuentros semanales, todos los jueves, reunio-nes del "decanato", a las que asistían sacerdotes diocesa-nos, religiosos, y yo que soy del Opus Dei. Aunque el am-biente era de una franca camaradería, ciertamente no hice ahí mis mejores amistades sacerdotales. Curiosamente, en la citada ciudad, mi mejor amigo sacerdote fue el padre Adrián Flores. Joven, como yo en esos años, filósofo al igual que yo. Había ido a buscarme para conversar en mi colegio (el *Altamira*), y de ahí surgió una bonita amistad: íbamos a comer, veíamos alguna película, intercambiába-mos libros o material de predicación o de clases. Todavía conservo una presentación en PPT que me facilitó sobre las *Antífonas Mayores* de Adviento.

Fue en Culiacán donde creo que hice mis mejores amistades sacerdotales. Atendía el centro de la Sociedad Sacerdotal de la Santa Cruz de esa ciudad, que en mis épocas tenía mucho movimiento, pues el obispo, don Ben-jamín, enviaba seminaristas a los seminarios internacio-nales regentados por la Prelatura: Bidasoa en Pamplona y Sedes Sapientiae en Roma. Los sacerdotes que habían pasado por ahí conocían en calor de hogar propio de las actividades de la Obra, y lo echaban en falta en su natal Sinaloa, de modo que lo buscaban por acá, y eso facilitaba mucho la labor con sacerdotes y su atención pastoral.

Hago un pequeño inciso sobre la "atención pastoral de los sacerdotes", pues estamos acostumbrados a que el sacerdote es el "pastor" y los fieles laicos son "las ovejas"; pero nos choca la idea de que el pastor a su vez pueda ser "pastoreado". Y sin embargo es muy importante. No hay, propiamente hablando, una situación vertical, sino horizontal: somos los iguales quienes ayudamos a nuestros iguales y, a la vez, somos ayudados por ellos. Como decía san Josemaría: "todos somos oveja y pastor". Y es que el sacerdote, más incluso, ordinariamente, que el fiel laico, necesita tener con quien desahogarse, con quien confesarse y, ocasionalmente, quien lo meta en vereda. No es una labor fácil. El mismo san Josemaría decía que era como "venderle miel al colmenero". Pero superada la falsa y equivocada sensación de suficiencia, ¡qué bien nos viene a los sacerdotes dejarnos ayudar por otros sacerdotes!

Sin embargo, mis recuerdos de esta maravillosa labor en Culiacán son agridulces. Por un lado, ahí hice a mis mejores amigos sacerdotes, pero por otro, tres sacerdotes de mi entorno cercano, con los que iba a comer semanalmente, abandonaron, con el tiempo, el ministerio (no mientras yo me encontraba ahí). Digamos que mi mejor amigo sacerdote, el padre Fernando, abandonó el ministerio, y lo mismo el padre Javier y el padre Eliú, a quienes daba pláticas semanales. Para mí fue muy doloroso, porque, además de estos tres que eran de mi círculo cercano, otros de la diócesis también lo hicieron, de forma que, con el tiempo, terminó siendo una comunidad sacerdotal muy golpeada.

Pero, mientras estuve ahí, pude conseguir, a través de un patronato, el apoyo para tener una casa que rentábamos. La renta, la limpieza y la comida se conseguían a través de donativos. Mucha gente de la ciudad se volcaba para atender a los sacerdotes, para mimarlos, de modo que siempre había abundancia de buena comida. Incluso llegamos a hacer una excursión a Guadalajara, para visitar al Prelado del Opus Dei, don Javier Echevarría, que hacía su visita pastoral a México en 2009. Es doloroso ver que, pasados 15 años, poco queda de lo que se sembró en aquella ocasión. Al día de hoy, sólo mantengo contacto con el P. Fernando, que fue suspendido del ministerio. Siento una obligación imperiosa de acompañarlo en su difícil camino, una vez abandonado el sacerdocio.

En el Perú también tuve una magnífica experiencia de amistad sacerdotal. En este caso, además, era pura amistad, no había acompañamiento espiritual, pláticas o confesiones de por medio. Sólo éramos amigos. Aunque, en los dos casos, el inicio de la relación fue un tanto abrupto. Debo decir que yo necesitaba, de alguna manera, de esa amistad. Pues el colegio que atendía en Comas (Lima, Perú), estaba dentro de la jurisdicción de la parroquia de los Misioneros de la Preciosa Sangre, "Nuestra Señora de la Preciosa Sangre", y para hacer muchas de las actividades pastorales del colegio: primeras comuniones, confirmaciones, bautizos, matrimonios, etc., necesitaba estar en sintonía con el párroco.

El primer párroco que me tocó se llamaba Andoni. Era vasco. Había vivido 18 años en la selva amazónica brasileña, tenía mucha experiencia, pero, hay un pero, digamos que el mundo eclesial en el que se había formado era diametralmente opuesto al mío. Se entenderá con la siguiente anécdota de cuando lo conocí. Fui a presentarme a la parroquia recién llegado al colegio *Humtec*. Me preguntó: "¿eres del Opus Dei?" Le respondí que sí. Me contestó: "pues yo soy de la Teología de la Liberación", como para dejar bien marcado el terreno de juego.

Sin embargo, el que él tuviera una visión de la Iglesia y de la pastoral más cargada a la izquierda no impidió que nos hiciéramos buenos amigos. Íbamos a comer como una vez al mes, usualmente a unos mariscos exquisitos y abundantes, bien regados con cerveza oscura. Él me abrió horizontes insospechados: aprendí por vía de la experiencia cómo personas que tenían una visión de la Iglesia muy diferente de la que tenemos en la Obra, pueden ser magníficas personas, amar a la Iglesia a su manera. Digamos que "cada quien mata a las pulgas como puede", y no hay una única manera posible de hacerlo.

También me ayudó a descubrir qué es lo que nos critican o nos cuestionan desde diferentes ángulos de la Iglesia, a las personas de la Obra. En cierta ocasión me dijo, por ejemplo: "Los del Opus Dei son sacramentalistas, todo quieren arreglarlo con sacramentos". Él en cambio, consideraba que su pastoral no era sacramentalista, sino estaba centrada en "la Palabra", es decir, en la Biblia. No es que negara el valor de los sacramentos; al contrario, sólo que para él no eran el punto de partida, sino el de llegada. Por eso, para él no tenía sentido la práctica de la confesión semanal, que vivimos en la Obra. Para él la confesión se justificaba sólo al final de un hondo proceso de conversión, es decir, venía a rubricar la decisión de tener un cambio de vida.

De todas formas, a pesar de que tenía su "propio modo de matar las pulgas" y sus ideas muy arraigadas, no rechazaba a las personas cuando le pedían confesión o cualquier otro encargo pastoral. De hecho, se quejaba de que la gente sencilla de ese barrio todo lo quería arreglar con "misas" (la gente mandaba pedir misas por distintas intenciones), y de que todos se querían confesar. El accedía a hacerlo, aunque consideraba que no era lo mejor, y que era incluso una forma supersticiosa de acercarse a los sacramentos, como si fueran realidades mágicas o poderosas.

Lo que estaba fuera de duda era su amor por la Iglesia y su espíritu de sacrificio. En los 18 años que pasó en la Amazonía se acostumbró a dormir en hamaca, de forma que también lo hacía en Lima. Ahora bien, su pastoral con indígenas autóctonos de la Amazonía me dejó profundamente desmoralizado. En esos 18 años metido en la selva, ¡no bautizó a nadie! (yo en 5 años en Comas bauticé a unas 200 personas). Me explicó que los indígenas que recién entraban en contacto con el cristianismo, en realidad no entendían nada, pues su cosmovisión era radicalmente distinta de la cristiana. Decía que sólo los nietos de esos primeros contactados podrían entender la fe y ser así bautizados. Además, me explicó, esa práctica pastoral estaba avalada por la Conferencia Episcopal Brasileña. Yo, para mis adentros pensaba, "nada peor que el fuego amigo".

La amistad con Andoni resultaba muy interesante, precisamente porque me ayudaba a comprender cómo hay personas muy buenas, con una visión diferente de la Iglesia y de lo que se debe hacer o del modo de hacerlo. Por ejemplo, a él le había tocado presenciar un gran número de experiencias paranormales, sin embargo, no creía en los exorcismos. Pensaba que todo ello era fruto de la mente humana, la cual escondía grandes potencialidades, que en gran medida permanecen inéditas.

Con el tiempo, los Misioneros de la Preciosa Sangre cambiaron de párroco. El lugar de Andoni, español, lo ocupó Hilton, boliviano. El encuentro con Hilton fue más abrupto todavía. Cuando lo conocí me dijo a quemarropa: "tú eres el del Opus Gay". No parecía prometer mucho la relación, pero las apariencias engañan. Finalmente, también Hilton necesitaba salir a comer de vez en cuando y desahogarse. Era mucho más joven que Andoni, pero tenía muchas historias que contar. Una de ellas, particularmente rocambolesca, es la de su vocación. Pareciera no tener nada de sobrenatural y, sin embargo, muestra cómo Dios escribe derecho en renglones torcidos.

Hilton era un militar boliviano. Se dio cuenta que el capellán castrense que tenía era capitán del ejército –él era soldado raso– y llegaba al cuartel en un buen carro. Literalmente pensó: "yo quiero ser así" (no parece muy sobrenatural abrazar el estado sacerdotal por el noble afán de tener un automóvil). Entró en un seminario en el que también había monjas –lo que no deja de ser extraño–, y una de ellas le dijo: "¿por qué no te haces de nuestra congregación?" Ella le explicó su carisma, a él le pareció bien y aceptó. Entonces ella le dijo: "¡estupendo!, pero te tendrás que ir al Perú, porque en Bolivia no hay casa de varones." Fue así como Hilton llegó al Perú. Y realmente, su modo de proceder era de estilo militar, un hablar muy cortado, seco, duro. Hacía mucho deporte y abundancia de trabajos manuales en la parroquia, de albañilería y jardinería principalmente. Parecía un empleado más y no el párroco. Con él he degustado algunos de los mariscos más sabrosos de mi vida, la mejor "parihuela" que he comido. Los mariscos peruanos compiten en calidad con los sinaloenses.

Finalmente, aunque teníamos formas de pensar, de vivir y de practicar el ministerio muy diversas, nos hicimos buenos amigos, por lo menos durante el tiempo que estuve en Comas. Por ejemplo, él me invitaba con frecuencia a confesar en su parroquia, y me daba vía libre para todas las actividades pastorales del colegio: primeras comuniones, confirmaciones, bautismos y bodas. No se hacía complicaciones por cuestiones burocráticas propias de una oficina parroquial.

# Pastoral ordinaria

A lo largo de las páginas precedentes he desarrollado principalmente, ejemplos de actividades extraordinarias: matrimonios colectivos, entregar niños recién nacidos en VIFAC, bendecir casas "embrujadas", casar a personas en el lecho de muerte, campamentos, excursiones, actividad en las redes sociales y los medios de comunicación, etc. Todo eso está muy bien, pero no es lo más importante, ni lo que hago habitualmente. La labor ordinaria, la prosa de cada día, es la que debe convertirse, en expresión de san Josemaría, "en endecasílabo", en un poema de amor.

No voy a compartir aquí mi horario, ni mi plan de actividades mensuales. Sólo voy a entresacar de entre esa bendita normalidad, algunos puntos que invitan a la reflexión.

Un sacerdote del Opus Dei mayormente está predicando, confesando, impartiendo dirección espiritual y, eventualmente, dando clases a diversos públicos. Mi vida ordinaria solía transcurrir entre esos derroteros. En la predicación, por ejemplo, un lugar especial les corresponde a los retiros, sean mensuales o cursos de retiro. A lo largo de mi experiencia sacerdotal he predicado muchos cursos de retiro, sea de un fin de semana o de una semana completa. A sacerdotes, a laicos célibes, a laicos casados, a todo público. Una costumbre buena es hablar durante el retiro, con el predicador del retiro. Al acompañar a la gente de esta forma, me he dado cuenta, en ocasiones, de que vivo entre santos, y que es mucho lo que debo agradecer a Dios: ser testigo de la lucha íntima por la santidad de multitud de personas que se la toman en serio. Se aprende mucho de ello.

En los retiros mensuales, más frecuentes y mas light, me he encontrado con todo tipo de personas. Para algunas de ellas supone un parteaguas, un antes y un después. Recuerdo uno, por ejemplo, que había tenido una vida sexual muy desordenada –era un libertino–, tenía 38 años y estaba asqueado de lo que había sido su vida. El retiro le sirvió para tomar una decisión drástica y cambiar de género de vida. A mí me sirvió para darme cuenta, escarmentando en cabeza ajena, que lo que los medios presentan como "la felicidad", muchas veces esconde abundante amargura.

Otra página de oro del ministerio sacerdotal corresponde a las ceremonias litúrgicas. De alguna forma es como si uno se uniese al coro celestial para alabar, adorar y darle gracias a Dios. Es como desligarse de las ataduras del tiempo y del espacio para entrar por un momento –el tiempo de la celebración– en la eternidad de Dios. Particularmente hermosos son los oficios de Semana Santa y dentro de ellos, la ceremonia litúrgica más importante del año, la Vigilia Pascual.

Para quienes hemos tenido la oportunidad de vivir en Roma, seguramente una de las páginas más bonitas de esas épocas, la constituyen la participación en las ceremonias presididas por el Santo Padre. Tuve la suerte de participar con frecuencia en las de san Juan Pablo II y, más tarde, en una ocasión con el Papa Francisco. Luego, cuando con el paso del tiempo he tenido que presidir yo esas ceremonias, con medios mucho menores, he procurado imprimirles la misma solemnidad y empaque. A veces han sido, por ejemplo, en labores sociales, teniendo que celebrar los oficios de Semana Santa en dos lugares distintos a la vez, lo que resulta muy pesado, pero muy gratificante. La fuerza del signo es muy poderosa y aúna fuertemente a la comunidad. Otros oficios que disfruté especialmente, fueron los del Colegio *Los Álamos*, de Lima, donde durante dos o tres años prediqué un retiro de Semana Santa que concluía con la Vigilia Pascual. La ceremonia del fuego nuevo, el cirio, el pregón pascual, todo ello te sumerge en una nueva forma de comunión con Dios y con los demás participantes.

Un momento de excepción dentro de la dinámica de los oficios es, junto con la Vigilia Pascual, el espacio de adoración conocido como el "Monumento". Es decir, el Santísimo reservado en una capilla acondicionada *ad hoc*, desde el Jueves Santo por la tarde, hasta el Viernes Santo por la tarde. Ahí, en el silencio de la capilla, especialmente recogida, se puede hacer una oración que me permito calificar de sabrosa. Es también uno de los momentos culminantes de unión con Dios a través de Jesucristo Eucaristía a lo largo del año.

Otra labor habitual del sacerdote, que es muy valorada por la gente, consiste en una actividad a la vez sencilla y demandante: escuchar. Mi labor, muchas veces se limita a escuchar y, si acaso, completar esa escucha con la oración personal. La gente necesita quien la escuche y para eso están los psicólogos, pero la diferencia es que el sacerdote no cobra y sí le interesa la persona, lo cual no siempre sucede con los psicólogos, sin menospreciar para nada, todo lo contrario, su maravillosa e indispensable labor. Pero, todo hay que decirlo, al sacerdote sí le importas –por lo menos hablo por mí, pero no creo ser el único– y no te cobra por escucharte. Muchas veces la gente se deshace los líos que tiene en la cabeza simplemente por verbalizarlos. Es, que duda cabe, una auténtica catarsis.

Una de las facetas más maravillosas del ministerio sacerdotal es que con mucha facilidad –por lo menos en México y el Perú, que es lo que conozco– la gente te abre completamente su interioridad, su intimidad. Manifiesta una confianza absoluta en ti, no por ser "Mario Arroyo", sino por ser sacerdote de Jesucristo. Conoces así los entresijos de las almas y de las familias, eres testigo privilegiado y orante de la vida interior y exterior de muchas personas. Te das cuenta perfectamente que no mereces esa confianza, muchas veces ilimitada, pero que gracias a ella puedes hacer mucho bien. Así, además, conoces multitud de situaciones y circunstancias que no vives en primera persona, pero por una especie de "método del caso", conoces bastante bien realidades ajenas a tu vida, como puede ser, por ejemplo, el matrimonio o el esfuerzo por sacar adelante una familia.

## VIVIR LA SANTA MISA

Ahora bien, lo más habitual en mi ministerio sacerdotal no es rutinario sino grandioso. Como diría san Ireneo de Lyon: "el cristianismo no es obra de persuasión sino de grandeza". Los sacerdotes tocamos todos los días algo realmente grande, algo inefable: la Santa Misa, una realidad que te introduce directa y profundamente en el carácter misterioso de la realidad. La realidad no se agota en lo que vemos y tocamos, tiene su dimensión espiritual, su aspecto de misterio; y la Misa te introduce de lleno en ese misterio.

Con frecuencia me han preguntado ¿por qué me hice sacerdote?, sobre todo jóvenes. La respuesta es muy simple: para celebrar la Santa Misa. Estaba haciendo un retiro mensual durante la segunda mitad de mi carrera de Filosofía. Y ahí, meditando en que no hay acción más sagrada, más eximia, más grande que el hombre pueda realizar sobre la Tierra que celebrar la Santa Misa porque, finalmente, no es una obra humana –aunque el sacerdote preste sus labios y sus manos– sino Obra de Dios. El primer Opus Dei (Obra de Dios) es la liturgia, como bien saben los monjes benedictinos. Al calor de esas consideraciones decidí escribirle al Prelado del Opus Dei manifestándole mi disposición a ordenarme. Pocos meses después me invitó a entrar en el seminario internacional de la Prelatura, *Cavabianca*.

Por eso, faltando un poquito al pudor, voy a intentar relatar aquí cómo me esfuerzo por vivir intensamente cada día la Santa Misa, para que no se me meta la rutina, sepulcro de la vida interior. Le pido a Dios todos los días no acostumbrarme nunca a hacerlo bajar sobre el altar y a tenerlo entre mis manos.

Primero está la preparación remota, la cual es más complicada desde que tengo *smartphone* e insomnio. De todas formas, intento que, como recomendaba san Josemaría, el primer y el último pensamiento de cada día sean para Dios. Luego, en la mañana, después de hacer el ofrecimiento de obras, intento ir rezando oraciones a la Virgen mientras arreglo mi cuarto y me aseo. Más tarde hago media hora de oración delante del sagrario en la capilla de mi casa. Terminada la oración, mientras me dirijo a la sacristía para revestirme, voy rezando algunas oraciones, en latín y castellano: "*infirmitatem nostram réspice. Quia sine Te nihil possumus facere*" ("mira nuestra debilidad, porque sin Ti no podemos hacer nada"), "límpiame a mí, inmundo, con Tu Sangre", "Señor Jesús, Hijo de Dios, ten piedad de mí, que soy pecador" y "protégeme Dios mío, que me refugio en ti".

Luego, mientras me revisto, voy rezando las tradicionales oraciones –en latín, claro– que antes hacían los sacerdotes mientras se iban poniendo cada prenda sacerdotal: lavado de manos, amito, alba, cíngulo, estola y casulla. Entre una y otra prenda voy alternando con oraciones a la Virgen. Luego que termino de revestirme me dirijo hacia el altar, de camino les echo una mirada y un piropo a las imágenes de la Virgen con el Niño y de san José con el Niño, que me encuentro en mi trayecto.

Delante del altar, al hacer la genuflexión, repito pausadamanete *"adoro te devote, latens Deitas"* ("te adoro con devoción, Dios escondido"). Al besar el altar, conscientemente le digo a Jesús que le doy un beso, y le pido que no sea el de Judas (el altar representa a Cristo). Luego, tengo diversos "señalamientos" a lo largo de la Misa, u oraciones que debo hacer de modo particularmente consciente, para no rezar distraído la Eucaristía. Así, por ejemplo, pongo empeño en invocar a la Trinidad con la bendición y el saludo iniciales, ambos tienen una fórmula trinitaria: "En el Nombre del Padre y del Hijo y del Espíritu Santo". "La gracia de Nuestro Señor Jesucristo, el amor del Padre y la comunión del Espíritu Santo estén con todos ustedes".

Más tarde, dejo un pequeño espacio de silencio, antes de la oración penitencial –el "Yo confieso"– donde rememoro y pido perdón a Dios por los pecados más graves con que lo he ofendido. Después, antes de la oración colecta, hago otro espacio de silencio, donde interiormente recuerdo a las personas por las que ofrezco la Eucaristía. Más tarde, procuro hacer con especial devoción y recogimiento la oración que pronuncia el sacerdote antes de proclamar el Evangelio: "purifica mi corazón y mis labios, o Dios omnipotente, para que pueda anunciar dignamente tu santo evangelio". Al finalizar el evangelio, procuro besarlo con piedad, mientras digo interiormente, en latín y con mucha fe: *"per evangelia dicta deleantur nostra delicta"* ("por la proclamación del evangelio sean perdonados nuestros pecados").

Más tarde, durante la oración de los fieles, en lo que preparo el altar, interiormente voy recordando a todas las personas, vivas y muertas, que quiero tener presentes al celebrar la Eucaristía, por las que ofrezco la Misa. Luego, procuro poner particular énfasis en las oraciones que el sacerdote debe decir interiormente al mezclar agua con vino en el ofertorio, al inclinarse para pedir perdón a Dios y al lavarse las manos, con el deseo de acercarme purificado a la celebración eucarística. Luego viene el prefacio, donde procuro poner especial énfasis, al principio, cuando se dice: "levantemos el corazón. Lo tenemos levantado hasta el Señor", internamente le vuelvo a entregar el corazón a Dios, y al final, cuando proclamo: "Santo, santo, santo", manifestando el deseo de unirme a todas las jerarquías celestes que profieren sin interrupción dicho cántico.

Más tarde, dependiendo de la plegaria eucarística, voy poniendo énfasis en unas partes o en otras. Por ejemplo, en la tercera se invoca varias veces al Espíritu Santo y se pide que "Él nos convierta en ofrenda permanente". En la segunda le damos gracias "porque nos haces dignos de servirte en Tu presencia"; en la primera hay dos espacios muy ricos, donde suelo hacer un silencio largo, uno para pedir por los vivos y otro por los difuntos. En la cuarta, nuevamente, se invoca al Espíritu Santo y se le dice a Dios que por nuestra boca le dan gloria todas las creaturas de la Tierra. Pero siempre, al final de la plegaria eucarística viene una oración muy entrañable, que me esfuerzo en hacer mía de todo corazón: "Por Cristo, con Él y en Él". Quiero hacerlo todo con Jesús y por Jesús. No entiendo bien a qué se refiere con el "y en Él".

Luego viene el Padre Nuestro, donde intento hacer un énfasis especial en "venga a nosotros tu reino". Le pido ahí que reine en el mundo y en mi corazón. Al final del Padre Nuestro viene el embolismo, donde aprovecho para pedir a Dios que me libre de mi debilidad, por la paz –en estos días particularmente por la paz en Gaza, Oriente Medio y Ucrania–, y por que no nos permita caer en la tentación ni a mí ni a los que viven conmigo.

Por último, intento decir con particular fervor la oración que se dice cuando se muestra la Eucaristía antes de comulgar: "una palabra Tuya bastará para sanar mi alma", y le pido al Señor que no solo me perdone, sino que me cure las enfermedades del alma y del corazón. Luego, después de comulgar y al repartir la comunión, voy recordando nuevamente a las personas, vivas y difuntas, por las que ofrezco la Misa. Al final, procuro dar la bendición invocando conscientemente a las Tres Personas de la Santísima Trinidad, dar el beso final al altar siendo consciente de que se lo doy a Jesús a través de ese altar y, de camino a la sacristía, rezo la oración a San Miguel Arcángel.

Luego, durante la acción de gracias suelo rezar el salmo 50, un responso por mi papá, el *Stabat Mater*, tres oraciones al Espíritu Santo ("Ven, oh Santo Espíritu", "Veni, Creator", "Ven, Espíritu divino"), y luego las oraciones de acción de gracias después de la Misa, particularmente el Himno de los tres jóvenes, que desde pequeño rezaba con mi abuela cuando me llevaba a Misa entre semana.

En fin, mi lucha está en vivir estos indicadores de que no se me ha ido el santo al cielo –nunca mejor dicho– con cariño y no como una forma de cuadricularme la existencia. Por lo menos es lo que ahora me sirve a la piedad, pero no es algo rígido. Puede ir cambiando o evolucionando según las necesidades de mi alma, o puedo dejar de hacerlo algún tiempo, para no confundir los medios con los fines. Obviamente, no me siento mejor que nadie por vivirlo así; lo entiendo, por ahora, como una necesidad de mi alma para que no se me meta la rutina en la acción más grande y más hermosa que puedo realizar cada día, porque no es una acción humana, sino divina.

Quise poner este inciso, faltando un poco al pudor espiritual, para que se comprenda también que la principal actividad del sacerdote no es hacia afuera, sino hacia adentro. Sólo si tiene mucha vida hacia adentro, podrá ser fecunda su vida hacia afuera. Lo explican dos santos de forma muy gráfica: Santo Tomás de Aquino dice que el sacerdote realiza dos acciones sobre el Cuerpo de Cristo. Una sobre el Cuerpo sacramental de Jesucristo en la Santa Misa, otra sobre el Cuerpo Místico de Cristo (la Iglesia) con la labor pastoral. Dice que la segunda depende de la primera y no a la inversa (es decir, previene contra el activismo vacío de contenido). San Josemaría, por su parte dice: "Alma de apóstol, primero tú". Es decir, ¿quieres acercar a otros a Dios? Procura primero estar cerca tú. Y, en otro lugar señala que la primera preocupación del director –podíamos parafrasearlo y poner en vez de director, sacerdote– debe ser su propia vida interior.

OTROS RECURSOS ESPIRITUALES

Podría afirmar que la celebración y la vivencia de la Santa Misa ha sido mi principal recurso espiritual a lo largo de estos años, que se ha ido profundizando como ha ido avanzando el tiempo. Pero no ha sido el único, también me ha ayudado bastante la visita a los diversos santuarios donde he vivido. Cuando he estado en la Ciudad de México, he tenido la maravillosa oportunidad de acudir como peregrino a la Basílica de Nuestra Señora de Guadalupe, comúnmente conocida como "La Villa". Habitualmente intento visitarla una vez a la semana, en la práctica suelo conseguir hacerlo unas 3 veces al mes. Voy para allá, habitualmente sólo, algunas veces acompañado, y suelo hacer ahí media hora de oración mental con María. No sólo me carga las "baterías espirituales", sino que me sirve de consuelo, de desahogo, Ella es, indudablemente, fuente de la esperanza y causa de nuestra alegría.

Desde que era adolescente tenía este hábito de visitar santuarios de la Virgen, en mis años de bachillerato y universidad solía visitar a la Virgen en la Villa. Ya en Roma solía ir con mucha frecuencia a la Iglesia Prelaticia de Santa María de la Paz, luego cuando viví en Málaga, acudía seguido a Nuestra Señora de las Victorias. Posteriormente, de vuelta en México, visitaba muy seguido a Nuestra Señora de Zapopan en Guadalajara. En Culiacán iba a rezar al Santuario de "La Lomita", dedicado a la Virgen de Guadalupe. La excepción fue en el Perú, donde en vez de ir como peregrino a un santuario mariano, acudía al Patrono de la ciudad de Lima y de todo el Perú, "el Señor de los Milagros". En este santuario, al igual que en Guadalupe en México, me edificaba ver que siempre había varios sacerdotes confesando y que, a la hora que fueras, había cola para hacerlo. Su santuario era pequeño para lo que significaba, pues es, en realidad, el corazón espiritual del todo el Perú. Y cuando ibas, te beneficiabas del tesoro abundante de la oración de un pueblo.

Al momento de escribir estas líneas vivo de nuevo en México, por lo que he vuelto a visitar con frecuencia la Basílica de Guadalupe, con gran provecho para mi corazón y mi alma. Hoy mismo, por ejemplo, voy a ir de peregrinación a pie desde mi casa –son poco más de 13 km–, con un grupo de chicos, universitarios y profesionistas jóvenes que asesoro. Son los miembros de la "Sociedad de Científicos Católicos Guadalupe Ortiz de Landázuri", en su mayoría estudiantes o exalumnos de las facultades de ciencias de la UNAM (Universidad Nacional Autónoma de México). En fin, que en ocasiones hay mucha vida en torno al santuario, especialmente lo he notado las veces que he ido –normalmente con un grupo de jóvenes– a "cantarle las Mañanitas" en la víspera de su fiesta, la noche del 11 de diciembre. Es una verdadera fiesta popular masiva, donde, nuevamente, te empuja el poder y la magia de la oración de un pueblo.

Quedaría claramente incompleta mi enumeración de "recursos espirituales" si me circunscribiera a las visitas, frecuentes, es verdad, a los santuarios de la Virgen. Así como no tomo alimento corporal solamente una vez a la semana sino diario, de igual forma el alimento espiritual debe ser cotidiano. La parte más importante ya la mencioné: la Santa Misa; ese es mi principal alimento, pero no el único. Hay otros tres que son también muy importantes: la oración mental, el breviario o liturgia de las horas y el rezo del santo rosario.

Me atrevería a decir que, de los tres, el más importante es la oración mental, sólo superada por la celebración de la Eucaristía. Al mismo tiempo, sin lugar a dudas, el más difícil de todos. ¡Llevo 36 años haciendo media hora de oración por la mañana y media hora por la tarde y, a la fecha, siento que no se hacer oración! Cualquiera diría: "apaga y vámonos", "fue un buen intento, gracias por participar". Y la fe me dice que no, que persevere. De hecho, en la última temporada, literalmente me he tenido que "atornillar" prácticamente a la banca del oratorio, para no salir disparado, movido por la ansiedad, "la pendientitis" o el activismo hueco e insustancial. Quisiera que mi experiencia de oración fuera más venturosa, pero pienso que es mejor plasmar la realidad, aunque a veces sea dura, que "dorar la píldora". De todas formas, mentiría si no reconociera que ha habido momentos de plena felicidad y de largos periodos de oración delante del Santísimo expuesto o durante cursos de retiro espiritual, que han supuesto un auténtico "oasis espiritual" para mi alma. Aunque, ciertamente, hace mucho que no tengo una experiencia de ese género, pero las recuerdo y atesoro en mi corazón y en mi alma, haciendo una especie de "embalse de gracias", como recomendaba san Josemaría Escrivá.

De la liturgia de las horas nos dijeron en una charla a los 37 diáconos del Opus Dei que nos ordenamos en el año 2002, año de la canonización y del centenario del nacimiento de san Josemaría: "comienza siendo como la novia y se convierte en la suegra". Es verdad que, muy a mi pesar, ya no la rezo con la ilusión y el asombro de los primeros años. Pero puedo afirmar también que, sin los entusiasmos iniciales, nunca ha dejado de ser un remanso de paz y una fuente inagotables de recursos espirituales, tanto para mi oración personal como para mi predicación. Es, sin lugar a dudas, un inmenso tesoro espiritual de la Iglesia, al que podemos acudir habitualmente para enriquecernos interiormente

Y, por último, el rosario. Lo puse en último lugar aunque, de hecho, es el que más tiempo me ocupa, pues desde adolescente tengo la costumbre de rezar partes del rosario durante los trayectos –una bella forma de aprovechar el tiempo–, de forma que, habitualmente puedo rezar con holgura las cuatro partes de esta oración, gracias a los interminables espacios de tiempo que empleamos los capitalinos para desplazarnos de nuestro hogar a nuestro lugar de trabajo en esta inmensa ciudad. El esfuerzo está, en estos casos, en no hacerlo de forma rutinaria, como en automático, sino en cuajar de peticiones grandes y de piropos a María.

BENDICIONES ESPONTÁNEAS

Este parágrafo es muy breve, pero importante. Hay un binomio salvífico entre el sacerdote y el pueblo. La fe del pueblo sostiene a la del sacerdote, y el sacerdote alimenta la fe del pueblo, a través de la Eucaristía y la predicación. En el caso de los pueblos peruano y mexicano, ese *feedback* es particularmente rico. La fe piadosa y sencilla del pueblo te sostiene; sientes a cada momento su cariño y eso te impulsa a luchar, no te deja permanecer caído cuando tropiezas.

Una manifestación de ello son las bendiciones espontáneas –tan queridas por el Papa Francisco–, que la gente te pide en cualquier situación. Hoy mismo, al ir a la Basílica de Guadalupe, una señora me pidió que bendijera a su bebé recién nacido.

En este género de anécdotas, quizá lo más curioso que me ha pasado es cuando una vez, en Guadalajara, Jalisco, un policía me paró, no entendía el motivo, pero lo que me dijo me dejó perplejo: quería que lo casara. No es tan sencillo casar a alguien, pero accedí, obviamente no en ese momento, sino unos días después, una vez hecho todo el papeleo en la correspondiente parroquia. El pobre tuvo que presentar un "falsificante médico" para poder faltar al trabajo el día de su boda, porque no le daban días de vacaciones por matrimonio.

En otra ocasión una señora que llevaba una de esas carriolas dobles, como para gemelitos, se puso muy contenta al verme y me pidió que los bendijera. Curiosamente no eran niños sino perros. Nunca he entendido el motivo de llevar a un perro en una carriola; me parece contraproducente. Pero, intentando no manifestar extrañeza, se los bendije con mucho gusto a los cachorritos y, modestia aparte, le gané en "pastoralidad" al Papa Francisco, quien, poco tiempo antes, se había encontrado en una situación análoga, y cuando vio que no era un niño sino un perro lo que había en la carriola, se enojó y regañó a la señora diciéndole que había muchos niños que se morían de hambre y no era justo, por lo tanto, tratar así a un perro. ¡Se requiere mérito para hacer enojar al Papa!

También mucha gente me ha pedido confesión por la calle. Perfectos desconocidos, que al ver pasar un sacerdote vestido como tal, no quieren dejar pasar la oportunidad y le piden que los confiese. Siempre me da mucha alegría poder acceder a este tipo de peticiones. Me recuerdan que el sacerdocio es eficaz con la sola presencia. Por eso, ¡qué abundantes frutos habría si los sacerdotes en general recuperaran la costumbre de vestir de sacerdotes y no como paisanos!

La piedad popular en el Perú es hondamente conmovedora y, en ocasiones, ayuna de doctrina. Dos sucesos, ocurridos en el Santuario del Señor de los Milagros en Lima lo expresan gráficamente. La conocida pintura del Señor de los Milagros protagoniza la que es quizá la procesión más numerosa del mundo, que se repite con cadencia ritual durante el mes de octubre prácticamente en todos los rincones del Perú y en muchas partes del mundo. Su santuario es muy pequeño, para la enorme afluencia de fieles. Tenía –no sé si siga siendo así– cuando yo vivía por allá la maravillosa y sacrificada bendición de contar siempre con varios sacerdotes confesando, y siempre había cola para acceder al sacramento. En la salida del templo había un mosaico que representaba al Señor de los Milagros y frente a él multitud de veladoras.

Estando en ese lugar, es decir, ya de salida del santuario, me sucedieron dos cosas curiosas. Una vez, rezando
piadosamente frente al mosaico –menos concurrido que
la imagen original– se me acercó una señora con un bebé,
y me pidió si lo podía frotar con el mosaico. Accedí a
su curiosa petición. Cual no sería mi sorpresa al ver que,
inmediatamente, se formó cola de señoras con bebés y niños pequeños, pidiendo que los frotara en el mosaico del
Señor de los Milagros. Así es la piedad latinoamericana:
es necesario tocar, frotar, sentir la bendición de Dios.

En otra ocasión, encontrándome en el mismo lugar,
se me acercó una señora y me pidió que le bendijera siete
bidones de agua. Accedí nuevamente a su petición, pero,
error de mi parte, primero se los bendije –fabriqué el agua
bendita– y luego le pregunté, jocoso, para que los quería:
"piensas bañarte en agua bendita o algo así" le dije. A lo
que ella contestó: "no, es que yo hago amarres, y para eso
necesito agua bendita". Para el que no sepa, el amarre es
una especie de hechizo amoroso, por el cual, la persona
que ha sido "amarrada" siente un atractivo incontenible
hacia la persona que pagó el amarre. Es decir, sin quererr-
lo, me había vuelto cómplice de la más barata y difundida
brujería del Perú.

Y ya que estamos con amarres, la verdad me dio risa
una vez que una chica fue a hablar conmigo para pedirme
ayuda. Le había hecho un "amarre" al chico que le gustaba. Fueron por un tiempo enamorados, pero al poco ella
se cansó de él y terminó la relación. Pero el chico "seguía

bajo los efectos del amarre" y no podía dejar de buscarla obsesivamente. La chica quería que de alguna forma yo hiciera algo para contrarrestar el amarre. Lamentablemente Roma no es *Hogwarts* ni yo soy Harry Potter, de forma que no la pude ayudar.

# El seminario

De alguna forma es como terminar por el principio. Lo advertí en las primeras páginas: "voy a relatar los recuerdos, sin orden preestablecido, sino según vayan compareciendo a mi conciencia". Y he aquí que al revisar el texto me encontré con que no había hecho ninguna mención a la época del seminario, la cual, en mi experiencia particular, fue también maravillosa. También como al principio, debo advertir que mi vivencia es muy particular, pues fui al seminario de la Prelatura Personal de la Santa Cruz y Opus Dei, mejor conocido como *Cavabianca*, el cual se encuentra en Roma. Vivir en Roma tus días de seminario es sin duda una experiencia del todo particular, la cual no comparten la mayoría de los sacerdotes.

Viví mis años de seminario –seis de 1996 a 2002–, bajo un lema consignado por san Juan Pablo II en sus memorias: "Imparare Roma"; había que "aprender Roma". Roma es el corazón de la Iglesia, Roma es el corazón de la catolicidad y por ello de la universalidad de la Iglesia. Y realmente percibes esta gratísima experiencia de universalidad y catolicidad, tanto en el seminario, Cavabianca, como en la Universidad de la Santa Cruz, donde realicé mis estudios filosófico-teológicos.

Por ejemplo, mal aprendí el italiano conversando con dos amigos eslovacos en mi aula: Juraj Vitek y Mihael Vivoda. Juraj dejó una honda impresión en mí. La historia de su vocación es una maravilla de la gracia. De papás ateos, Juraj conoció la fe en un pequeño poblado eslovaco de ensueño, con castillo medieval y todo, a través de la única persona en el pueblo que tenía computadora. Juraj le pedía que le dejase utilizar su computadora, el accedía a condición de que antes recibiera una clase de catequesis. Y así, a golpe de sesiones de computadora y catecismo, fue como Juraj se bautizó primero y, más adelante, decidió entrar en el seminario. Juraj era políglota: sabía eslovaco, polaco –por ser muy semejantes–, alemán y ruso –por haberlos estudiado en la escuela, ya que eran las culturas que más influenciaban Eslovaquia en aquellos años–, latín y griego –por haberlos estudiado en el seminario–, italiano por vivir en Italia, español, por tener compañero de habitación mexicano, de Colima y francés, por hacer su tesis sobre un teólogo francés el padre François Marie Léthel, O.C.D. Únicamente –ironías de la vida–, no se le daba el inglés. Sobra decir que Juraj fue el primer seminarista en tomar apuntes con computadora en clase y utilizar una base de datos con las obras de santo Tomás de Aquino y con la Sagrada Escritura para completar sus apuntes. Esto era novedoso entre 1996 y 1999 cuando estudiábamos juntos en la universidad. Por mi parte, con el tiempo, mejoré mi italiano hasta el punto de poder impartir clases en ese idioma en un centro del Opus Dei de Roma que se llamaba *Il Poggio*.

La vida en el seminario era maravillosa y muy ordenada. Por las mañanas estudio en la universidad. Por las tardes clases de latín, encargos materiales para mantener la casa en punto y, lo poco de tiempo que te quedaba, estudiar. Los fines de semana el plan era análogo: el sábado tenía toda la mañana y la mitad de la tarde un encargo material, en mi caso cuidar el inmenso jardín de la casa. Lo que sobraba de la tarde era para estudiar. El domingo por la mañana usualmente paseo en bicicleta de montaña a Roma, o de carreras por las carreteras cercanas a Roma, en la región del Lacio. Por las tardes estudio. A esto hay que añadir el que, con bastante frecuencia, me acercaba a la Iglesia Prelaticia de Santa María de la Paz, a rezar cerca de los restos de san Josemaría y del beato Álvaro del Portillo.

Pero lo bonito es que realizabas estas actividades conviviendo con personas de todo el mundo. En una ocasión, por ejemplo, nos tomamos una foto un pequeño grupo que habíamos ido en bicicleta a pasear por Roma y recibir la bendición papal de san Juan Pablo II en la Plaza de San Pedro. En ese pequeño grupo estábamos representados los cinco continentes.

La ida a la Universidad era un paseo gratísimo. Tomábamos un "trenino" que nos dejaba en la Puerta *Flaminia* de la ciudad, cerca de la colosal *Piazza del Popolo*. De ahí caminábamos por la Roma histórica hasta la Universitá della Santa Croce, ubicada al lado de la *Piazza Navona*. Miles de turistas pagaban muchos dólares por recorrer el camino que habitualmente realizábamos para llegar al salón de clases. Incluso, para romper la monotonía, podíamos elegir variantes en ese camino. Así, durante el mes de mayo, salía más temprano de la casa rumbo a la universidad, para hacer una escala en la Plaza de San Pedro, y rezar el rosario delante del mosaico de Santa María *Mater Ecclesiae*, que preside la plaza. En esas ocasiones, siempre a la misma hora, veíamos pasar al entonces cardenal Ratzinger, que de su casa en *Cittá Leonina* caminaba hasta las oficinas de la *Congregación para la Doctrina de la Fe*, al otro lado de la plaza. Nunca me animé a saludarlo, por la vergüenza de no saber qué decir. Es una de las cosas de las que me arrepentí poco después, cuando fue elegido Papa Benedicto XVI.

En fin, fueron muchos los momentos históricos que me tocó vivir en Roma, por ejemplo: el Jubileo del Año 2000, que inició con la "Apertura de la Puerta Santa", evento en el que pude participar, colándome, muy cerca de San Juan Pablo II. También me tocaron las bodas de oro sacerdotales de san Juan Pablo II, la declaración de santa Teresita del Niño Jesús como doctora de la Iglesia, la Canonización de 27 beatos mexicanos o el centenario del nacimiento de san Josemaría Escrivá de Balaguer. Por todo ello le estoy muy agradecido a Dios y espero haber podido "imparare Roma", como recomendaba san Juan Pablo II.

# Epílogo

A lo largo de estas breves líneas he intentado dibujar lo maravillosa que es la "aventura del sacerdocio", con el peligro conscientemente asumido de caer en alguna forma de narcicismo. Peligro que considero justificado, precisamente por ser una narración de testimonio en primera persona, que puede ser útil para disipar dudas o vacilaciones en otras personas a la hora de decidir emprender este maravilloso camino. Creo que la historia recién contada ha mostrado cómo, casi sin quererlo, casi sin proponértelo conscientemente, terminas viviendo para los demás, para Dios. He intentado evidenciar cómo esta vida –que personalmente he elegido– mirada en su conjunto, vale la pena ser vivida.

Sin embargo, no quiero prestarme a engaños. La vida real, sacerdotal, también es como todas las vidas. Me explico: también tienes que luchar contra la rutina y el acostumbramiento. Tienes que hacer esfuerzos concretos para no acostumbrarte a celebrar la Santa Misa –la acción más sagrada que los hombres podemos realizar sobre la Tierra– o confesar personas. Debes luchar contra el cansancio al administrar el sacramento de la confesión y al predicar. Muchas veces, por ejemplo, cuando atiendes colegios y escuchas las confesiones de niños y adolescentes, te aburres de modo insufrible, pues son siempre las mismas cosas, los mismos pecados. En momentos oscuros llegas a plantearte si de verdad sirve de algo lo que estás haciendo.

Y así como un médico puede acostumbrarse a la enfermedad y a la muerte, un sacerdote puede acostumbrarse al pecado y a la muerte también, de forma que haga las cosas "con el piloto automático puesto", sin recalar en lo que supone la ofensa a Dios o el sufrimiento de una familia.

La rutina, que en expresión de san Josemaría "es el sepulcro de la vida interior" te acecha continuamente. Debe uno hacer esfuerzos conscientes para desembarazarse de ella. Y ello supone realizar un empeño constante por cuidar la oración, el modo de celebrar la Santa Misa, el rezo de la Liturgia de la Horas o el santo rosario. El sacerdote debe cuidar, sobre todo, su vida de piedad, para no sucumbir al activismo que lo va vaciando interiormente o, peor aún, llenándolo de su "yo" camuflajeado de preocupación por los demás.

Tampoco quisiera que se pensara que el cuadro apenas expuesto contiene todos los requiebros y recovecos de la vida sacerdotal. Digamos que me he limitado a consignar las páginas memorables, pero la mayor parte de los días transcurre con normalidad en medio de una sana rutina.

Además, he omitido por comprensible pudor, las páginas menos positivas, los errores, tropiezos, fracasos y pecados que también jalonean y en ocasiones cimbran la vida sacerdotal. En ese aspecto siempre me ha ayudado pensar que el Corazón de Jesús es más grande que mis errores, pecados y fracasos. Junto con los días buenos, los ha habido malos, junto a las páginas luminosas, las ha habido oscuras pues, finalmente, no soy sino un ser humano. Procuro grabar en roca –y escribirlo me ayuda– los buenos recuerdos, e intentar olvidar los malos. Me ayuda pensar que, para la Virgen, como buena Madre, mi "yo" auténtico es el que sonríe en los días luminosos y no el que llora en los amargos.

Es decir, no quiero ofrecer un cuadro ideal, hermoso, pero falso. No quiero hacer que parezca algo sencillo, fácil. Pero sí me gustaría mostrar su atractivo y hacer ver que vale la pena el esfuerzo y las diversas renuncias, y que vivir plenamente una vida sacerdotal te abre camino a lo que podemos llamar, sin temor a equivocarnos, "una vida lograda", una vida plena, una vida que vale la pena ser vivida, no solo por uno mismo, sino también por los demás y, lo más importante, por Dios.